Couverture inférieure manquante

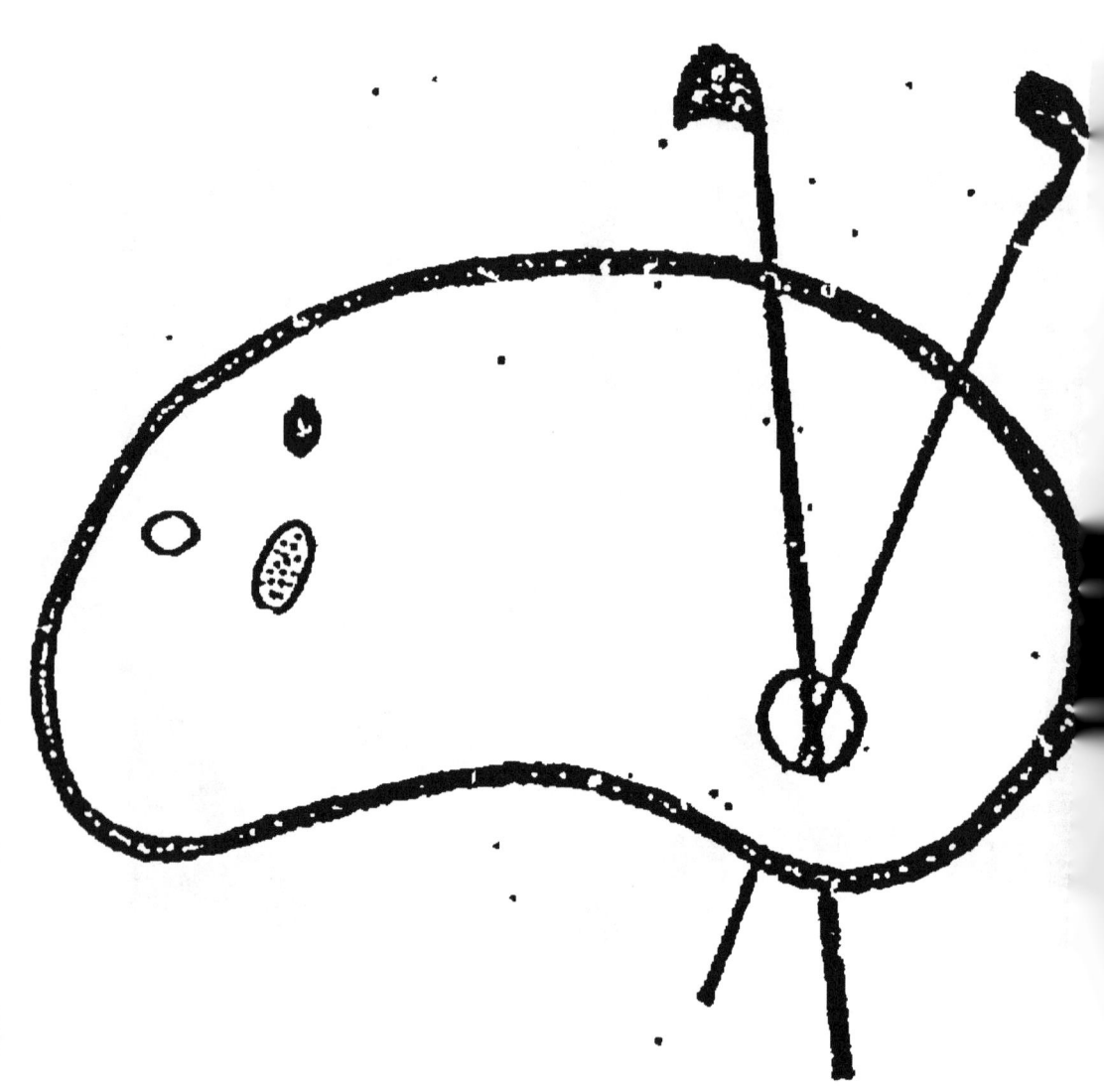

ORIGINAL EN COULEUR
NF Z 43-120-8

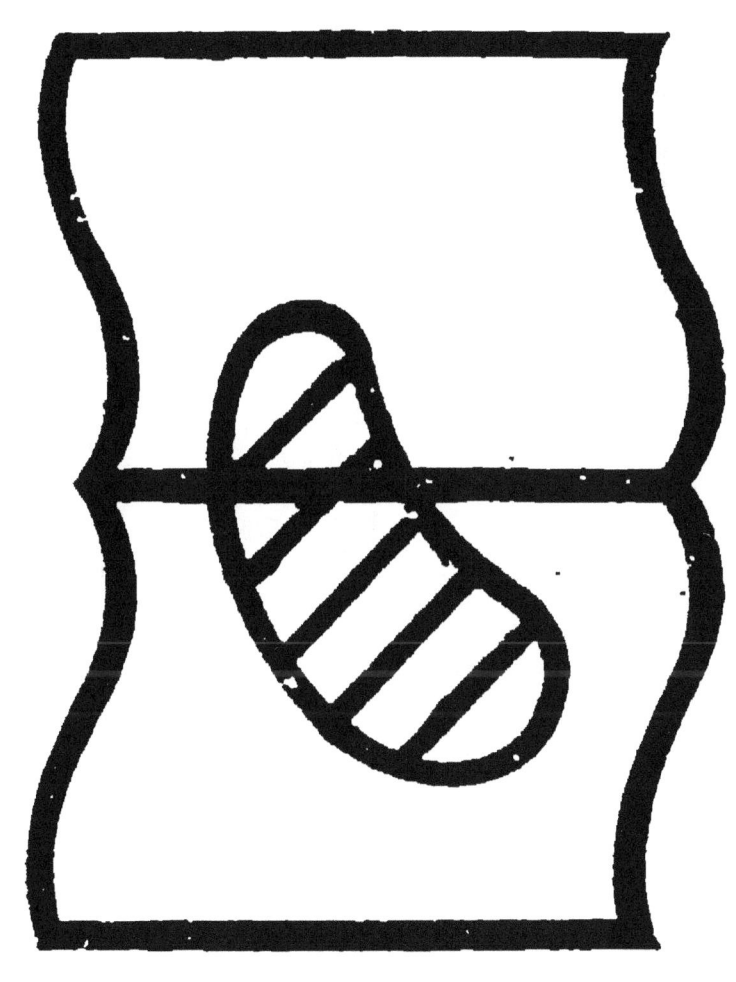

DE
L'INSTRUCTION ET DE L'ÉDUCATION
DES INDIGÈNES

DANS

LA PROVINCE DE CONSTANTINE

PAR

GUSTAVE BENOIST

AGRÉGÉ, OFFICIER DE L'INSTRUCTION PUBLIQUE, INSPECTEUR D'ACADÉMIE
EN RÉSIDENCE A CONSTANTINE

> « … Enseigner la science, c'est l'enseigner et la
> glorifier Dieu. La dispute sur la science est une
> dispute sacrée. Par la science on distingue ce qui
> est injuste ; elle est la lumière sur le chemin du
> Paradis, une consolation dans le désert, un compagnon
> dans la solitude, un guide fidèle dans le bonheur
> comme dans le malheur. Les anges désirent son
> amitié ; c'est ce qui existe sur terre de plus sa Sœur ;
> elle est le remède à nos erreurs contre l'ennui, l'Espérance,
> la luminosité des yeux dans la nuit de l'injustice. »

PARIS
LIBRAIRIE HACHETTE ET Cⁱᵉ
79, BOULEVARD SAINT-GERMAIN, 79

1886

DE L'INSTRUCTION ET DE L'ÉDUCATION

DES INDIGÈNES

DANS

LA PROVINCE DE CONSTANTINE

7111-86. — Corbeil. Typ. et stér. Crété.

DE

L'INSTRUCTION ET DE L'ÉDUCATION

DES INDIGÈNES

DANS

LA PROVINCE DE CONSTANTINE

PAR

GUSTAVE BENOIST

AGRÉGÉ, OFFICIER DE L'INSTRUCTION PUBLIQUE, INSPECTEUR D'ACADÉMIE
EN RÉSIDENCE A CONSTANTINE.

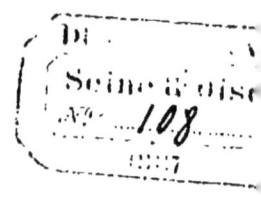

> « Enseignez la science, car l'enseigner c'est glorifier Dieu. La dispute sur la science est une dispute sacrée. Par la science on distingue ce qui est injuste ; elle est la lumière sur le chemin du Paradis, une confidente dans le désert, une compagne dans la solitude, un guide fidèle dans le bonheur comme dans le malheur. Les anges désirent son amitié ; tout ce qui existe sur terre brigue sa faveur ; elle est le remède des cœurs contre la mort et l'ignorance, le luminaire des yeux dans la nuit de l'injustice. »
>
> *Le Coran.*

PARIS

LIBRAIRIE HACHETTE ET Cⁱᵉ, ÉDITEURS

79, BOULEVARD SAINT-GERMAIN, 79

—

1886

PRÉFACE

En publiant les pages qui suivent, nous n'avons qu'un but : intéresser le plus grand nombre possible de citoyens à l'œuvre de progrès, à l'œuvre éminemment nationale à laquelle nous travaillons depuis deux ans, sous les ordres de M. Jeanmaire, recteur d'Alger, non seulement par devoir, mais aussi, nous croyons pouvoir l'écrire, par conviction et par désir d'être utile à notre pays.

L'Algérie n'est plus, ne peut plus être regardée et traitée comme une terre conquise.

L'Algérie ne saurait même se contenter d'être la plus grande, la plus précieuse, la plus riche des colonies françaises : il faut qu'elle devienne comme une nouvelle France, un prolongement de la patrie au delà de la Méditerranée.

Les colons, trop peu nombreux encore, qui y viennent des différents points de la France, apprécient l'instruction et la recherchent pour leurs enfants plus que beaucoup de paysans français.

Les fils des nombreux Espagnols, Italiens, Maltais.

qui s'y sont fixés, les uns dans la province d'Oran, les autres dans celle de Constantine, nous pouvons les astreindre, en vertu de la loi, comme les Israélites indigènes, à fréquenter nos écoles, les amener à désirer, à rechercher leur naturalisation.

Mais les jeunes indigènes musulmans, Arabes, Kabyles, Mozabites, il est impossible que nous les laissions plus longtemps grandir, vivre à côté de nous, en dehors de nous, comme des vaincus jamais résignés, attendant avec l'impassibilité des fatalistes l'heure de la vengeance et de l'affranchissement.

Les jours qui sont pour nous des fêtes nationales, — nous l'avons encore constaté avec tristesse au 14 juillet dernier, — les Arabes de Constantine montrent, par une indifférence d'autant plus probante qu'elle n'a rien d'affecté, qu'il n'y a rien de commun entre eux et nous. Ils viennent en foule assister à la revue. Ils sont fiers de voir défiler leurs frères, les tirailleurs rentrant du Tonkin, que la population européenne a raison d'acclamer. Le soir, ils regardent les illuminations, ils regardent le feu d'artifice : l'éclat des lumières, l'odeur de la poudre ont toujours pour eux un charme singulier ; mais ils travaillent tout le jour comme d'habitude, boutiques ouvertes. Dans leurs quartiers on n'entend pas un cri, pas un chant, on ne voit pas un drapeau. Les mosquées seules ont leur minaret illuminé, peut-être par ordre, peut-être par précaution. Les musulmans font ainsi la part du feu : ils achètent le droit de n'assister à la fête que de loin, spectateurs muets, indifférents en apparence, mais sentant gronder au fond de leurs cœurs des sentiments de rancune et de haine implacables.

Voilà où nous en sommes après cinquante ans de possession.

Il est grand temps de nous mettre résolument à l'œuvre. Ni arabophiles, ni arabophobes, soyons Français. C'est dans l'intérêt de la France, de l'Algérie, qu'il nous faut travailler enfin, d'une façon méthodique et suivie, au rapprochement et, peu à peu, à l'assimilation des indigènes musulmans. Sans doute, ils profiteront de ce qui sera fait dans notre intérêt, parce que cela est en même temps dans le leur : qui donc oserait s'en plaindre ? Il s'agit de faire œuvre de patriote et, en même temps, de travailler au bien général de l'humanité. C'est dans les traditions françaises.

Pour parler la langue du conventionnel Grégoire, il faut que *l'éducation nationale s'empare* des générations qui naissent sur le sol algérien.

La République trouvera les quelques centaines de mille francs nécessaires. Le gouvernement général, l'administration préfectorale et militaire, la majorité des électeurs et partant les corps élus, les sénateurs, les députés sont d'accord avec nous. Il ne peut se produire de dissidences que sur des points de détail. Que tous les bons citoyens nous soutiennent, qu'ils joignent leurs efforts à ceux de l'*Alliance française*,

**RELIURE SERRÉE
ABSENCE DE MARGES INTÉRIEURES**

qui vient de constituer un comité particulier à Constantine.

Une pareille œuvre, entreprise avec l'appui de l'opinion publique par un gouvernement républicain, ne peut manquer de réussir.

Dans dix ans plus de cinquante mille garçons indigènes musulmans fréquenteront nos écoles françaises.

Constantine, le 31 juillet 1880.

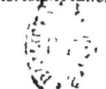

DE L'INSTRUCTION ET DE L'ÉDUCATION
DES INDIGÈNES

DANS

LA PROVINCE DE CONSTANTINE

I

DEPUIS CINQUANTE ANS

La fondation du Bastion de France, comptoir de commerce et station pour la pêche du corail à l'est de Bône, et la première prise de possession par des marchands français du petit port de Mers el-Kherraz, qu'ils appelèrent La Calle, remontent à 1536 et 1694.

A Djidjelli, qui fut occupée en mai 1839, les noms des rues rappellent l'expédition de 1664 dirigée par Beaufort.

Nous sommes maîtres de Bône depuis 1832 et, dès 1834, on y créa des écoles primaires.

La prise de Constantine remonte à 1837 et, dès 1839, les sœurs de la Doctrine chrétienne y fondèrent un couvent, un hôpital et une école.

Nous sommes en possession de la Kabylie depuis 1859.

L'insurrection de 1871 qui fit des victimes sur plusieurs points du département, notamment à Bordj-bou-Arréridj, fut écrasée et n'a pas eu de lendemain. Aujourd'hui les touristes suivent tranquillement la route pittoresque qui mène de Sétif à Bougie par les magnifiques gorges du Chabet, ils lisent sur un roc tombé de la montagne dans le lit enserré de l'Oued Agrioun : « Les premiers soldats qui passèrent sur ces rives furent des tirailleurs commandés par M. le commandant Desmaisons » (7 avril 1864).

La belle vallée du Sahel, tout ornée de lauriers, avec ses abondantes céréales, ses vignes naissantes, ses milliers d'oliviers, est heureuse et tranquille. Elle est dominée au centre par Akbou, qui malheureusement n'a pas, comme les villages de Strasbourg et Rouffach, conservé le beau nom français de Metz, que lui avait donné son fondateur, l'amiral de Gueydon, gouverneur général civil de l'Algérie.

Des expéditions peu meurtrières ont pacifié et soumis l'Aurès, les Zibans, l'oued Rir, le Souf et le Mzab; on voyage avec un seul guide en pleine sécurité à travers le Sahara. Les ingénieurs, parmi lesquels il faut citer en première ligne M. H. Jus, et les deux officiers qui dirigent les ateliers de sondage militaires, en ont achevé la pacifique conquête, faisant jaillir l'eau et la richesse des puits artésiens dont le nombre va sans cesse augmentant, multipliant et étendant les oasis.

Et cependant M. E. Mercier, aujourd'hui maire de Constantine, qui habite l'Algérie depuis de longues années, interprète judiciaire et arabisant, qui a étudié et connaît bien le pays, a écrit dans son livre si intéressant *L'Algérie et les questions algériennes* (Paris, Challamel aîné, 1883) :

« Il est certain que les Arabes ne songent pas particulièrement à se révolter en ce moment; mais il est non moins certain qu'*aucun rapprochement moral* ne s'est opéré entre les deux races et que les indigènes *n'ont pas fait un pas vers l'assimilation.* »

M. Mercier ajoute : « Ici un mur nous sépare : la religion. »

Le mur est solide, quoique bâti en terre; il serait inutile et bien imprudent de chercher à l'abattre. Il suffit d'y percer quelques fenêtres, par la propagation de la langue française d'abord, de quelques idées justes, de quelques connaissances précises et utiles ensuite.

L'armée a fait la conquête définitive de l'Algérie : plus aimée, plus respectée ici que partout ailleurs, et c'est justice, elle continue son œuvre. Elle veille. Sous sa surveillance et sa protection le colon, l'instituteur et l'ingénieur rendront seuls cette œuvre définitive et réellement productive. Pendant que le colon défriche, sème et plante, que l'ingénieur trace des routes, construit avec une activité merveilleuse les voies ferrées qui bientôt réuniront Sétif à Bougie, Tébessa d'un côté, Biskra et le Désert de l'autre à Constantine et à la mer, il faut que de nombreux instituteurs enseignent la langue française d'abord, bien entendu, puis les notions indispensables des principales connaissances, non seulement, cela va de soi, à tous les enfants de Français et d'étrangers dont nous devons souhaiter et préparer la naturalisation, à tous les enfants israélites indigènes, qu'un décret a d'un seul coup faits citoyens français, et qui sont tous également astreints à l'obligation scolaire, mais encore au plus grand nombre possible de garçons et même de filles indigènes musulmans.

M. Mercier fait remarquer que le nombre des indigènes musulmans auxquels la naturalisation a été accordée n'a pas dépassé, pour 2 850 000 habitants :

17 en 1877
23 en 1878
30 en 1879
18 en 1880

Mais il faut ajouter que ce nombre a été de 33 en 1883, de 47 en 1884, qu'il augmente même d'une façon sensible. Il a été de 388 de 1865 à 1877, pendant 22 ans, soit une moyenne de 17 par an. Dans les huit dernières années il s'est élevé à 224, soit une moyenne de 28 par an. D'ailleurs, pour que ce nombre s'accrût dans une proportion convenable, graduellement, sans que personne pût s'en inquiéter, il faudrait d'abord que les indigènes, autres que ceux qui ambitionnent des grades et des fonctions publiques, eussent réellement intérêt à se faire naturaliser et fussent mis à même d'apprécier et, partant, de désirer la naturalisation.

M. Mercier relève encore ce fait que le nombre des mariages mixtes n'a pas dépassé 9 pour toute l'Algérie en 1879, savoir :

Entre Européens et musulmanes.................. 4
Entre musulmans et Européennes................. 5

Il en conclut qu'il existe une répulsion complète de part et d'autre.

Mais les mariages mixtes entre catholiques et israélites, ou réciproquement, ne sont pas en France beaucoup plus nombreux, proportion gardée. D'ailleurs, nous n'allons pas jusqu'à rechercher la fusion des races. Nous nous contenterions de les rapprocher.

Pour cela, il n'est pas besoin de le dire, nous n'entendons pas descendre, mais nous voulons élever peu à peu les Arabes jusqu'à nous. Quand le régime de la propriété aura été modifié, le nombre des nomades ira en diminuant et les procédés de la culture moderne finiront bien, petit à petit, par être suivis, au moins en partie, par les indigènes eux-mêmes. L'Arabe aime autant le mouvement et les voyages que l'immobilité et la sieste; nos compartiments de troisième, nos intérieurs de diligences sont tous les jours remplis d'indigènes. Ils accourent en foule dans tous les marchés pour vendre leurs denrées, leurs grains, leur bétail. Il est plus difficile de les décider à envoyer régulièrement et pendant un temps suffisant leurs enfants dans les écoles.

Et cependant il faut y arriver. C'est là une question d'une importance capitale pour l'avenir de l'Algérie; mais elle est difficile à résoudre, beaucoup plus difficile que ne le pensent ceux qui la traitent de loin, en théorie, sans avoir été chargés de passer à l'application, même sur un point déterminé. Depuis que nous avons l'honneur de diriger comme inspecteur d'académie le service de l'instruction publique du département de Constantine, nous l'avons sérieusement étudiée; nous avons visité les écoles non seulement des communes ordinaires et des communes mixtes éloignées, mais même celles des communes indigènes les plus lointaines dans les territoires de commandement. Nous avons vu et entendu. Nous avons consulté les personnes dont les services et le long séjour dans le pays nous garantissaient la compétence. Enfin nous avons, avec l'assentiment de M. le recteur d'Alger, notre chef, qui se préoccupe au plus haut point, comme M. le Gouverneur général, de cette question, proposé comme sujet d'études à tous les instituteurs et institutrices du département, français et indigènes, le programme suivant :

« De l'instruction et de l'éducation des indigènes.

« Examiner l'importance de la question. — Ses difficultés. — Les meilleurs moyens à employer pour la résoudre.

« Y a-t-il lieu d'apporter des modifications ou adjonctions dans ce but aux décrets du 13 février 1883 et du 1er février 1885 ? Lesquelles ?

« Programmes et méthodes..

« Faut-il donner aux indigènes un enseignement agricole et professionnel ? Lequel ? Quels sont les procédés à suivre, quelle est la mesure à garder ?

« Les institutrices traiteront la question surtout au point de vue des écoles enfantines et des écoles spéciales de filles. »

Nous avons présidé la conférence de Constantine, à laquelle ont assisté les trois inspecteurs primaires du département, le directeur et les professeurs de l'École normale, les instituteurs et institutrices de la ville et des environs, les élèves-maîtres de troisième année et les élèves du cours normal indigène. Malheureusement M. Mohamed ben Badis, instituteur adjoint à l'École arabe-française de Constantine depuis plus de vingt-quatre ans, était absent, déjà atteint de la maladie qui l'a emporté quelques jours après; mais M. Mejdoub ben Kalafat, professeur d'arabe au lycée et à l'École normale d'instituteurs, était là et il a bien voulu rédiger après la conférence un mémoire où il fait connaître, lui indigène, son opinion, d'accord avec la nôtre sur presque tous les points de la question. Un instituteur en retraite, M. Rivière, membre du conseil municipal de Philippeville, nous a spontanément adressé, lui aussi, un mémoire fort intéressant sur la question qui nous occupe. MM. les Inspecteurs primaires ont présidé les autres conférences. Nous avons lu et dépouillé les procès-verbaux. Nous connaissons donc l'opinion de tout le personnel enseignant du département de Constantine. Presque tous les maîtres ont des élèves indigènes dans leurs écoles; quelques-uns n'ont pour élèves que des indigènes. Beaucoup d'entre eux sont depuis un assez grand nombre d'années en contact avec les musulmans. Ils les connaissent quelque peu. Nous pouvons donc résumer des avis qui méritent d'être pris en sérieuse considération; mais nous n'avons pas la prétention de penser que tout est dit et qu'il n'y a plus qu'à passer à l'exécution. Nous fournissons un des éléments importants de la grande enquête et consultation que nous voudrions voir s'ouvrir.

La question de l'instruction des indigènes, comme toutes les autres, ne marchera vite vers une solution heureuse, sinon définitive, que quand elle occupera, elle passionnera même l'opinion publique. On ne peut manquer de consulter les corps élus, les sénateurs et députés de l'Algérie, les municipalités, les administrations préfectorales et les autorités militaires qui répondent de l'ordre public, qui disposent de moyens d'informations que nous ne saurions avoir, et aussi, nous ne voyons pas pourquoi l'on hésiterait à le faire encore, comme l'ont fait MM. Masqueray, directeur de l'École des Lettres d'Alger, Sabatier et Lapaine, administrateurs à Fort-National et à Soumeur, chez les Beni Ithouragh, dans la province d'Alger (Foncin. — *L'Instruction des indigènes en Algérie.* — Paris, 1883), les intéressés eux-mêmes, non pas les descendants des chefs de grande tente, mais les pères de famille réunis en libres assemblées sous la présidence des maires, administrateurs ou commandants supérieurs, invités à réfléchir et à donner leur avis motivé, en dehors de toute pression.

II

APRÈS LA CONQUÊTE

Nous nous garderons de refaire le chapitre de M. P. Foncin sur l'instruction des indigènes après la conquête. Nous nous bornerons à rappeler sommairement les faits, en ce qui concerne la province de Constantine, d'après les documents officiels.

Au début, la direction supérieure du service de l'instruction publique appartint au Gouverneur général (arr. min. des 1er septembre 1834 et 2 août 1836) et plus tard, sous ses ordres, au directeur de l'intérieur et au directeur général des affaires civiles, qui, en réalité, remplissait les fonctions de recteur.

L'Académie d'Alger fut créée en 1848. L'administration de l'instruction publique fut détachée du ministère de la guerre, pour être réunie, sauf en ce qui concerne l'enseignement dans les écoles musulmanes, au ministère de l'instruction publique, et plus tard, pour un temps, en 1858, au ministère, qui dura peu, de l'Algérie et des colonies. Le recteur, assisté seulement d'un inspecteur et de deux sous-inspecteurs, eut les attributions de ses collègues de France et, en outre, celles des préfets pour les nominations d'instituteurs et pour la surveillance de l'enseignement libre ou privé. Ce supplément d'attributions lui est encore conservé par la législation actuelle et par la nouvelle loi du 30 octobre 1886.

Dans son rapport au Président de la République, qui a été suivi du décret du 6 août 1850, créant les écoles arabes-françaises, M. le général d'Hautpoul, ministre de la guerre, déclare qu' « un des moyens les plus efficaces pour arriver à la complète pacification de l'Algérie doit être de propager, et de vulgariser parmi les populations indigènes, la connaissance de la langue française. » Après avoir constaté que des circonstances au-dessus de toutes les prévisions ont paralysé tous les efforts tentés jusque-là, le ministre ajoute : « Aujourd'hui que des temps plus calmes ont succédé aux préoccupations de la guerre en Algérie, la France *doit* rechercher d'accomplir la mission civilisatrice qu'elle s'est imposée. »

Ainsi, dès 1850, il est publiquement et officiellement proclamé que c'est pour la France, non seulement un droit, mais un devoir de propager sa langue et par suite sa civilisation chez les Arabes vaincus et enfin soumis. C'est ainsi seulement qu'elle peut légitimer sa conquête, le bombardement d'Alger pouvant être considéré comme suffisant pour venger l'outrage fait à notre ambassadeur.

Ce décret du 6 août 1850 créa six écoles arabes-françaises de garçons, dont une à Bône, qui n'a jamais été ouverte, une à Constantine qui existe encore à la place Sidi-Djellis, mais qui n'est plus qu'une école publique ordinaire, bien qu'elle ait conservé son titre, sinon officiellement, du moins dans la pratique. Les musulmans y sont en majorité; mais on en trouve dans d'autres écoles de la ville. Il est à noter qu'il n'y en a pas un seul à l'école de la rue Damrémont qui est presque exclusivement fréquentée par les israélites indigènes du quartier. L'Arabe, généreux et imprévoyant, léger et grand seigneur, même gueux, toujours digne et superbe dans la pauvreté, jusque sous les haillons dont il se drape, dédaigne le Kabyle, serf attaché à la terre, honnête et bon bœuf de travail, il hait et méprise le juif indigène, commerçant et cupide, qui l'exploite, tient tous les marchés et lui prête à gros intérêts. C'est un fait. Il n'y a donc pas d'Arabes à l'école dite encore israélite. Il n'y a pas d'israélites à l'école qu'on appelle encore arabe-française, bien qu'elle ne soit plus qu'une école comme les autres, avec un moniteur indigène et un taleb payé par la commune pour venir, en dehors des heures de classe, y enseigner le Coran.

D'après l'article 2 du décret l'enseignement des écoles arabes-françaises, qui était gratuit, devait comprendre :

La lecture et l'écriture de l'arabe ;

Les éléments de la langue française, la lecture et l'écriture du français ;

Les éléments de calcul et le système des poids et mesures.

C'est à peu près tout ce que nous demandons aujourd'hui pour nos écoles purement indigènes : ou du moins c'est l'essentiel. Nous verrons plus loin ce qui doit, selon nous, y être ajouté, pour que nos écoles indigènes soient réellement utiles, pour que les petits indigènes s'y plaisent. On leur parle une langue étrangère : on la leur enseigne. Ils ont donc besoin de plus d'efforts, de plus de tension d'esprit que nos petits Français et ils en sont peut-être, sauf quelques exceptions, moins capables. Il faut donc beaucoup de variété dans les exercices. D'ailleurs nous partageons l'avis de M. Mejdoub ben Kalafat. Ce qu'il faudrait pouvoir donner à la jeunesse arabe, « c'est une instruction solide, qui la transformerait radicalement, sans esprit de retour à son état primitif. »

Aujourd'hui, à l'école de la place Sidi-Djellis, on suit exactement le même programme que dans les autres écoles ordinaires, on y présente des élèves au certificat d'études. On en fait recevoir au cours normal. Les jeunes Arabes qui la fréquentent font un peu de dessin et cela ne peut être que très utile à ceux qui exerceront ensuite le métier de menuisier, de fabricant de meubles, etc. Ils apprennent la musique et, à la dernière séance générale de gymnastique, l'école arabe-française a fort bien chanté un chœur et accompagné un autre chant, marquant très régulièrement la cadence, les mouvements et les marches des autres élèves. A la séance de récitation, le jeune Mohamed ben Kaddour a bien dit quelques beaux vers de la Légende des Siècles, *Après la Bataille*.

La ville a fait installer un petit atelier pour le travail du fer et du bois. Il a fonctionné de 1881 à juin 1884 et a donné des résultats, puisqu'il a valu à l'école une récompense officielle à l'exposition de Constantine. Quatre fois par semaine des ouvriers de la ville venaient y donner des leçons de 4 à 5 heures. Mais en 1884 la ville supprima malheureusement les 300 francs alloués aux maîtres ouvriers et l'atelier fut fermé. Il est rouvert grâce à la bonne volonté du directeur, qui doit se procurer, comme il peut, le bois, le fer et le charbon nécessaires.

Cette école n'avait encore en juin 1884 que deux salles assez vastes, mais pour trois maîtres, avec un mobilier ancien et en mauvais état. Deux maîtres enseignaient dans la même classe, se gênant, se fatiguant l'un l'autre. L'une des salles a été enfin divisée en deux.

Le nombre des places, qui était de 139, est resté le même.

Si elle a jamais été pleine autrefois, elle est loin de l'être aujourd'hui : son effectif est descendu à 113 inscrits (78 présents), dont 8 étrangers et 22 Français.

Le nombre total des indigènes musulmans inscrits dans toutes les écoles publiques de Constantine ne dépasse pas 166. Or, d'après le dernier recensement, sur une population municipale de 37 792 habitants, on compterait 23,103 musulmans, dont 1 523 de six à treize ans : ainsi le nombre des garçons musulmans fréquentant plus ou moins une école française se réduirait dans le chef-lieu même du département, après un demi-siècle d'occupation, à 10 pour 100.

Si nous prenons le département entier, dont la population totale est de 1 291 418 habitants, on a recensé, en 1881, 150 512 garçons musulmans de six à treize ans : d'après les états de situation de l'enseignement primaire, 1 410 garçons musulmans de six à treize ans et plus seulement ont fréquenté l'année dernière une école publique, soit encore un peu moins de 10 pour 100 !

Telle est la situation. Elle s'est un peu améliorée (1), mais pas assez et trop lentement, pour diverses causes que nous allons examiner. La première, la seule peut-être, disons-le tout de suite, c'est l'insuffisance des crédits.

On fut autrefois plus généreux. Les appuis, l'influence, l'argent, n'ont pas manqué à M. Antoine, qui dirigea l'école arabe-française de Constantine du 7 mars 1858

---

(1) D'après les renseignements les plus récents, le nombre des garçons musulmans ayant fréquenté les écoles publiques en 1886 s'est élevé à 2047 et à 2135 en comprenant les écoles libres, sans compter les écoles maternelles.

au 1ᵉʳ mars 1869. M. Antoine était un personnage, il était ou fut en même temps capitaine de milice, adjoint au maire, chargé du cours de français à la Médersa, et, dernier titre, peut-être le plus précieux de tous, président du Bureau de bienfaisance. Quel n'était pas son prestige aux yeux de la population musulmane! Il avait le pouvoir, la science qu'il distribuait non seulement aux petits enfants, mais aux futurs magistrats, aux futurs imans; il avait l'argent. Il était d'ailleurs énergiquement soutenu par la division et par la préfecture.

On était large alors dans la distribution des récompenses et des encouragements aux élèves. Il y avait les distributions ordinaires de fin d'année, qui consistaient en vêtements pour les enfants pauvres, en livres pour ceux des familles aisées; mais alors ce n'étaient pas des petits livres insignifiants, en percaline gaufrée, de 60 centimes à 1 franc, qu'on leur donnait. Sur une liste de livres distribués en 1865, figurent des ouvrages du prix de 20 à 30 francs le volume. En outre, *tous les trois mois*, le chef du bureau arabe venait lui-même à l'école. Il passait l'inspection, prenait note des besoins, consignait les demandes et propositions des maîtres : le lendemain il envoyait, m'assure-t-on, 1 200, 1 500 francs pour être distribués aux enfants les plus nécessiteux. Certains recevaient jusqu'à 30 francs. Aussi le chef du bureau arabe était-il toujours le bienvenu.

Aujourd'hui encore quand un général, un commandant supérieur visite une école en territoire militaire, il distribue généreusement des récompenses bien sonnantes et trébuchantes, dont les élèves et les familles apprécient hautement la valeur. Les inspecteurs primaires disposent de quelques bons points images, de quelques photographies ou gravures envoyées par le ministère, dont l'indigène apprécie fort peu le mérite. Quant à l'inspecteur d'académie, s'il veut, après avoir visité une école, laisser quelques marques de sa satisfaction, il faut qu'il puise dans sa bourse. Les récompenses honorifiques, purement morales, dont les petits Français sont si avides et si fiers, l'indigène les goûte peu. Il n'a pas le nécessaire : on lui donne le superflu. Le moindre grain de mil ferait bien mieux son affaire.

L'école arabe-française était en pleine faveur. La division, la préfecture, le tribunal réservaient à ses anciens élèves toutes les petites places dont ils disposaient et dont bon nombre ont été supprimées.

Quelques élèves, les plus méritants, étaient invités, ainsi que leurs parents, aux bals de la division et de la préfecture. Et l'on sait que les chefs indigènes aiment à étaler leurs vêtements blancs, leurs manteaux de pourpre, leurs décorations aux lumières des fêtes officielles. On les menait au théâtre quand quelque troupe nouvelle donnait une représentation extraordinaire. On essayait vraiment de les séduire. La musique, que l'Arabe, l'homme d'Orient, aime tant, pourvu que, douce mélodie, elle endorme sa pensée et berce ses rêves, ne pouvait être oubliée. M. Amavet, professeur de musique, obtint d'un seul coup de la préfecture la somme nécessaire pour acheter 15 violons à 50 francs pièce. Tous ceux qui aiment le soleil, comme le lézard, comme lui, aiment la musique. Les Kabyles eux-mêmes, les vieux Kabyles, plus robustes et plus rudes, ont leurs chants doux et monotones, qu'ils ne se lassent point d'entendre et de murmurer. Un jeune instituteur français, sorti depuis un an de l'École normale de Constantine, fils d'un artiste distingué, dirige avec succès depuis sa récente ouverture l'école de Mansourah, au milieu du

llage kabyle, perché, comme toujours, sur la hauteur.
arfois le soir il prend son violon : il joue les airs du
ays et les Kabyles s'assemblent, se taisent ; ils écou-
nt, charmés.

Autre chose encore. A ces écoliers, plus amoureux
ncore que les nôtres du grand air, des buissons et de la
mnolente paresse, à ces écoliers quelque peu sauvages,
l'il faut attirer, apprivoiser et captiver, on donnait
es fêtes. Deux fois par an on invitait les élèves, leurs
arents et même les amis des parents. Les autorités
e manquaient pas de se montrer. C'étaient des soirées
la mode arabe : pendant que des musiciens jouaient
squ'au matin, le café, le thé et les dattes étaient ser-
s à discrétion.

Or récemment le jeune moniteur kabyle Embareck,
ii dirige l'école ouverte depuis l'avant dernière rentrée à
l-Flaye, dans cette commune mixte de Sidi Aïch, dont
us les journaux viennent de parler, parce qu'elle a
voyé et entretenu à Paris sept de ses habitants indi-
nes mordus à la fontaine par un chien enragé et qui,
algré leur fanatisme et leurs inquiétudes, ont fini par
y laisser conduire pour suivre le traitement de M. Pas-
ur, Embareck nous a écrit que M. l'Administrateur de la
mmune, M. Murat, — il convient de le nommer, parce
'il a déjà créé quatre écoles dans sa commune, que,
es écoles construites et ouvertes, il ne considère pas sa
che comme terminée, qu'il n'abandonne pas les jeunes
oniteurs inexpérimentés, qu'il prodigue aux maîtres et
ux élèves les bons conseils et les encouragements ; —
. Murat avait visité son école. Il avait été satisfait des
rogrès de ces jeunes élèves et, pour les encourager, il
ait remis au moniteur 45 francs. C'était une somme :
s sont quarante-quatre, sans compter le maître. On a

acheté un mouton, du pain, des pommes de terre, des gâteaux et des pétards : le Kabyle, comme l'Arabe, aime toujours l'odeur de la poudre. On est allé sous de magnifiques oliviers qui sont à une petite distance de l'école. On a fait un vrai festin et l'on a chanté : *le Drapeau de la France*. L'air est connu, il est populaire dans nos écoles, où il nous poursuit partout, jusque dans les écoles maternelles, où nos petits bambinets le disent en marchant au pas d'un air sérieux. Les paroles sont d'un patriote : *Qu'il est noble et fier, qu'il est beau !* Ce chant si français chanté par des Kabyles, conduits par un maître kabyle, dans un pareil milieu, à l'ombre des grands, des antiques oliviers, sous le beau ciel transparent de l'Algérie, devait faire une forte impression sur les quelques Français qui l'ont entendu. Ils en étaient tout émus. Quant aux élèves kabyles et à leurs parents, ils étaient enchantés et tout pleins de reconnaissance pour les soins qu'on prend d'eux.

Cette fête a été renouvelée à la fin de l'année, en guise de distribution des prix. M. l'Administrateur a alloué pour les trois écoles indigènes de sa commune une somme de 87 fr. 75, avec laquelle on a acheté deux moutons, 27 kil. de semoule, 3 kil. de gâteaux, et, pour le dessert, 25 douzaines de pétards.

Tous les enfants accompagnés de leurs maîtres et de leurs parents sont allés près d'une fontaine. Là, sous l'ombre des frênes, en présence de M. l'Administrateur, de ses cavaliers, de l'adjoint indigène, des notables de la tribu des Beni-Oughlis, un couscous délicieux fut offert à tous les assistants, même aux enfants qui ne fréquentent pas l'école, afin sans doute de les allécher. Toujours généreux, M. l'Administrateur fit verser aux jeunes convives des flots de limonade. Puis le maître réunit ces élèves en groupes, les interrogea sur ce qu'ils avaient appris, tout comme à l'école Alsacienne de Paris, et leur fit chanter la *Marseillaise des écoliers* qui leur valut, nous a-t-il écrit, « un applaudissement général et une poignée d'éloges ».

Avant la séparation, les mezaours et les vieux indigènes sont venus témoigner leur reconnaissance à M. l'Administrateur qui ne manqua pas l'occasion de leur vanter les bienfaits de l'instruction.

Les petits Kabyles d'El-Flaye avaient assisté à la distribution des prix de la commune. Ils avaient vu un petit Français s'avancer un papier à la main. Ils lui avaient entendu lire un compliment. Ils voulurent, eux aussi, faire leur compliment à M. l'Administrateur. Ils dirent en kabyle ce qu'ils pensaient, ce qu'ils voulaient exprimer et leur maître le mit en français. Nous le transcrivons textuellement : c'est la pensée de derrière la tête des indigènes, nettement exprimée. Voici donc ce que lut l'élève Saadi ben Mohamed :

« Monsieur l'Administrateur,

« Permettez-moi, au nom de mes camarades, de venir aujourd'hui vous remercier bien sincèrement de la bonne et belle récompense que vous venez de nous accorder.

« Déjà, il y a deux ou trois mois environ, votre bonté bien connue a voulu nous donner une fête de cette nature. Depuis lors tout le monde de notre village s'était mis à examiner très attentivement votre futur projet : les uns disaient que vous vouliez faire de nous des petits Roumis, les autres prétendaient que nous devions être soldats, dès que nous saurions un peu lire et écrire, et enfin, ils finissaient par croire à une trahison de votre part.

« Nous, voyant que nos pères et nos mères plaignaient sans cesse notre sort, nous étions un peu troublés ; mais par bonheur notre maître est parvenu à chasser toutes nos fausses idées. Il nous a expliqué par des preuves certaines l'unique but que vous vous proposez de nous : celui de nous tirer de cette ignorance léguée par nos aïeux, et de faire de nous des hommes honnêtes et instruits. Maintenant nous avons la conscience tranquille, quelques-uns de nos parents ont aussi une pleine confiance pour vous, et il ne nous manque qu'une chose que nous sollicitons de vous, monsieur l'Administrateur, c'est d'engager les enfants des Béni-Oughlis à venir tous avec nous à l'école afin de pouvoir prononcer un jour, tous ensemble, ces mots bien doux : Vive la France ! Vive la République ! »

Depuis la dernière rentrée de septembre les trois écoles ouvertes depuis un an comptent soixante élèves chacune, autant qu'elles en peuvent contenir. La quatrième, à peine créée, en a vingt-neuf. Aussi une cinquième école sera-t-elle installée dès le commencement de 1887.

Ainsi les anciens moyens employés pour attirer les élèves dans les écoles arabes-françaises sont toujours bons : il faut y revenir.

D'après M. Foncin, au moment de leur apogée, de 1863 à 1869, les écoles arabes-françaises étaient au nombre de trente-six pour toute l'Algérie : les élèves musulmans ne dépassaient pas douze cents. Quatorze écoles seulement ont été remises à l'Académie, sans compter celles qui, en très petit nombre, situées en territoire militaire, restèrent sous l'autorité des généraux.

A partir de 1869, soit que la faveur publique se fût retirée d'elle, soit que des conflits d'attributions eussent détourné certaines bonnes volontés, soit enfin qu'il eût été reconnu que les résultats obtenus ne répondaient pas assez aux sacrifices consentis, l'école arabe-française de Constantine fut comme abandonnée à elle-même. M. Coti, qui la dirigea jusqu'en février 1881, ne reçut aucun encouragement. Le conseil général avait inscrit à son budget, depuis plusieurs années, en recettes et en dépenses, pour les écoles arabes-françaises, une somme de 27 000 francs qui était fournie par le Gouverneur général. Tout à coup, au milieu de l'année 1878, ce dernier fit savoir au préfet qu'il fallait cesser d'inscrire en recettes ces 27 000 francs, qu'il n'était plus en mesure de les fournir pour une dépense qui devait incomber aux communes. A cette époque, en cours d'exercice, les communes ne pouvaient ou ne voulaient pas prendre cette dépense à leur charge. M. Luc, alors maire de Constantine, avisa les directeurs des deux écoles musulmanes (garçons et filles), qu'elles devaient être fermées. Elles ne furent sauvées que grâce à l'intervention énergique de l'inspecteur d'Académie, M. Frin. A la session d'octobre suivant, le Conseil général, consulté, maintint le crédit.

Depuis le décret du 13 février 1883, actuellement en vigueur, il n'y a plus d'écoles arabes-françaises. Quelques écoles ont conservé ce titre, par habitude ; mais elles n'ont plus d'avantages spéciaux. Elles ne disposent d'aucune ressource pour attirer et encourager les élèves.

Des plans et devis ont été dressés et fournis pour reconstruire et agrandir l'école de la place Sidi-Djellis. Ils seront mis à exécution, je l'espère, aussitôt que le décret annoncé et attendu aura rendu exécutoire en

Algérie la loi du 20 juin 1885 et permis à la ville de Constantine de contracter, dans les conditions légales, l'emprunt nécessaire (1). Ce sera là un bon commencement ; mais il faudrait encore construire une grande école en plein quartier arabe, dans ce triangle limité par la rue Nationale, la place de la Brèche, le ravin du Rhumel, si curieux, si pittoresque, où les Européens ne pénètrent guère que par curiosité, et qui se termine à la pointe de Sidi Rached.

Les neuf dixièmes des enfants mâles de la vieille ville arabe ne fréquentent pas d'autre école que les zaouïa. Vous passez dans une rue sinueuse, vous pénétrez dans une étroite impasse, vous entendez des voix discordantes et bruyantes : on dirait une interminable psalmodie. C'est une zaouïa, où les petits musulmans lisent et récitent en chœur, jusqu'à ce qu'ils le sachent, un verset du Coran. Pas d'explications ; le maître ne saurait en donner. Pas de commentaires ; la loi du prophète ne doit pas être commentée. La lettre du livre saint, et c'est tout : qui donc oserait soutenir que c'est assez ? Quant aux filles, on sait qu'elles ne comptent pas. Elles sont enfermées, invisibles, filent, brodent, font le couscous, sont épousées, souvent répudiées, deviennent mères, vieilles, fort vite, et meurent.

(1) Ce décret a paru le 26 mai 1886.

III

ÉCOLES DE FILLES

Le décret du 6 août 1850 a créé quatre écoles primaires de jeunes filles musulmanes à Alger, à Oran, à Constantine et à Bône. Celle de Bône ne fonctionna jamais, pas plus que celle d'Oran. Celle d'Alger, qui compta au début jusqu'à 110 élèves, fut transformée en ouvroir en 1861. Seule, celle de Constantine existe encore.

Pendant longtemps, malgré les distributions de pain et de vêtements, bien que la directrice eût à sa disposition une somme de 400 francs pour les fournitures du travail manuel, le nombre des élèves ne dépassa pas 35 à 40. En 1880 le chiffre des élèves inscrites s'est élevé à 147. Il est actuellement de 100. En mars dernier, 76 jeunes filles ont fréquenté l'école. Mais ce sont des jeunes filles pauvres, recrutées une à une par la directrice, par ses adjointes qui sont attachées à l'école depuis de longues années, qui vont dans les maisons des pauvres arabes, et réussissent surtout à attirer les orphelines : et cependant les distributions de pain ont été complètement supprimées en mai 1883, et même les fournitures de l'ouvroir. Les maîtresses ont dû dès lors se les procurer comme elles ont pu. Au mois de janvier dernier M. le maire a bien voulu signer un bon. L'école est établie dans un local beaucoup trop exigu. Deux salles basses, dont l'une n'a même pas 3 mètres de haut, mal éclairées, n'ayant que 82^m,965 de surface. Une toute petite cour. Et c'est tout. Il faudrait au moins une grande salle pour l'ouvroir avec tous les meubles et l'outillage nécessaires. On ne parvient à réunir que quelques jeunes filles très pauvres, avons-nous dit. Elles sont, comme bien l'on pense, peu éveillées, peu curieuses d'apprendre. Pourvu qu'elles sachent lire, écrire, compter, coudre surtout, elles sont contentes. Elles sont gaies, fort rieuses, et il est bien difficile de leur poser une question, si simple qu'elle soit, sans qu'elles semblent tout effarouchées. La dernière fois que j'ai visité l'école, où avaient bien voulu me faire l'honneur de m'accompagner Mme Lenient et M. Lenient, professeur à la Sorbonne, on était en fête. La plus ancienne élève allait épouser un Arabe ayant dans un gros village boutique sur rue : un boucher. Elle ne connaissait pas son futur mari, suivant la mode arabe; mais il semblait bien avisé d'avoir pris une femme capable de lui rendre des services, non seulement dans le ménage, mais même dans la direction de son petit commerce et la tenue de ses comptes.

A la rentrée de 1879 une classe spécialement destinée aux jeunes filles indigènes fut annexée à l'école communale de Bougie. Le nombre des élèves ayant augmenté, on en fit une école spéciale à la rentrée de 1880, installée fort à l'étroit, mais du moins au centre du quartier indigène, au haut de cette ville escarpée où les bourriquots savent monter et descendre, avec leurs charges, d'interminables escaliers. Chaque année une moyenne de 100 à 120 élèves ont été inscrites sur les registres; mais la fréquentation a toujours été fort intermittente. Actuellement 100 élèves viennent à l'école : elles sont réparties en trois classes, avec trois maîtresses dont une indigène; soixante savent lire et écrire. Une trentaine possèdent quelques notions de grammaire, d'arithmétique, de géographie. Elles sont plus sérieuses, plus réfléchies, moins facilement intimidées. On les questionne : elles répondent. Les grandes ont des cahiers bien tenus. Toutes, sauf les toutes petites de la classe enfantine, font des travaux de couture, qui ont été récompensés aux dernières expositions scolaires de Bel-Abbès et de Sétif. Quelques-unes de ces jeunes filles kabyles font réellement des progrès remarquables dans la connaissance de la langue française et la directrice, Mlle Dubois, espère les mener jusqu'au certificat d'études, si elles viennent à l'école pendant quelques années encore, et cela plus régulièrement. Comme tous ses collègues, elle réclame l'application du principe de l'obligation; mais il ne faut pas en parler, même y penser, pour les jeunes filles. Cette mesure serait prématurée et absolument inapplicable, même en Kabylie. Occupons-nous d'abord des garçons, tout en soutenant, en développant autant que possible les deux écoles de filles existantes. Ce n'est pas par une loi de coercition qu'on modifie aussi profondément les mœurs d'un peuple dans ce qu'elles ont de plus intime, la famille, surtout si cette famille est enfermée, cloîtrée. Quand l'Arabe sera plus instruit, il désirera peut-être un jour, dans bien longtemps, avoir non plus une ou plusieurs femmes, instruments de plaisir ou utilités domestiques, mais une compagne digne de lui et dont la capacité ne se borne pas à connaître un burnous d'avec une gandourah.

IV

ÉCOLES D'ADULTES

Le décret de 1850, qui décidément avait du bon, et aurait certainement produit d'excellents résultats, s'il avait été appliqué, stipulait qu'un enseignement français serait établi pour les adultes indigènes dans les villes d'Alger, Oran et Constantine, et qu'il serait étendu successivement dans les villes où l'utilité en serait reconnue.

Malheureusement cet enseignement gratuit était confié aux professeurs du cours public d'arabe dans les villes où il en existe, et ces professeurs portés par leur goût vers l'arabe, principal, sinon unique objet de leurs études, n'étaient guère bien désignés pour répandre, en même temps que la connaissance de l'arabe chez les Français, celle du français chez les Arabes.

Aujourd'hui des cours d'adultes subventionnés par le département sont faits à Constantine sous le patronage de la Ligue de l'enseignement. Il y en a non seulement pour les jeunes filles, pour les jeunes gens français et étrangers, mais aussi pour les indigènes. Nous les avons visités l'hiver dernier. M. le Dr Leroy, président de la Ligue, a bien voulu nous accompagner : nous avons eu la satisfaction de trouver les trois salles de l'école de la place Sidi-Djellis remplies par une centaine d'Arabes et de Kabyles très appliqués à lire et à écrire, sous la direction de trois maîtres, dont un jeune indigène de race turque, naturalisé et parlant le français avec la plus grande facilité et une pureté étonnante.

On a compté dans les cours d'adultes qui ont eu lieu l'hiver dernier dans tout le département 302 indigènes musulmans. On ne saurait trop multiplier ces cours, les encourager. Si les frères aînés, si les pères sentaient l'importance de l'instruction, au point de la rechercher pour eux-mêmes, nous aurions bientôt cause gagnée avec les enfants.

En France, le progrès de l'instruction primaire, l'application de la loi du 28 mars 1882 auront bientôt rendu inutiles les cours d'adultes destinés aux illettrés proprement dits. Il ne peut pas en être de même en Algérie, où bien des colons habitent des fermes presque isolées, éloignées de toute école, où il y a un nombre sans cesse croissant d'étrangers, particulièrement d'Italiens et de Maltais dans la province de Constantine. Aussi le conseil général a-t-il fait œuvre vraiment utile, quand, au mois d'octobre dernier, il a porté de 3 à 5000 francs le crédit qu'il veut bien inscrire annuellement au budget pour encouragements aux cours d'adultes.

Enfin le décret du 6 août 1850, après avoir réglé le mode d'inspection des écoles musulmanes, à laquelle il avait raison de faire prendre part un fonctionnaire indigène, après avoir institué trois brevets de degrés différents, celui du 3e degré pour les indigènes sachant parler le français, celui du 2e degré pour les indigènes sachant lire et écrire le français, enfin celui du 1er degré pour ceux qui connaissaient en outre un peu de calcul, d'histoire et de géographie, avait bien soin de stipuler que les emplois auxquels peuvent prétendre les indigènes seraient donnés de préférence aux candidats pourvus du brevet du degré le plus élevé. Aujourd'hui encore nous ne demandons pas autre chose.

V

LA MÉDERSA

Dans son rapport qui précède un second décret, celui du 30 octobre 1850, M. le général d'Hautpoul, ministre de la guerre, rappelle qu'au moment de la conquête les études musulmanes étaient dans une situation de prospérité relative, que :

1° La grande majorité des enfants arabes, dans les villes et dans les tribus, recevait l'instruction primaire, les premiers éléments de la religion et en même temps pour quelques-uns d'entre eux de la lecture et de l'écriture, dans des écoles attenant aux mosquées;

2° L'instruction secondaire, comprenant la lecture et l'explication du Coran et les études grammaticales élémentaires, était en général suivie par les enfants appartenant à la classe aisée de dix à quinze ans dans les zaouïa attenant aux mosquées;

3° Les hautes études, comprenant le droit et la jurisprudence, la théologie, quelques notions d'arithmétique, d'astronomie, de géographie, d'histoire, d'histoire naturelle et de médecine, étaient concentrées dans des espèces de petites universités, appelées Médersas et formant encore une dépendance d'une mosquée.

Tout cela était bien peu de chose : dans quelle décadence n'étaient point tombées la science et la littérature arabes! Mais enfin cela valait mieux que rien.

Dans la province de Constantine, les médersas les plus connues étaient celles de Constantine, de Sidi Okba et de Si-ben-Ali-Chérif.

Pour mettre un terme aux abus commis par les gérants des biens des mosquées, on les réunit au domaine de l'État. Dès lors presque toutes les écoles primaires, surtout celles des villes, furent abandonnées, ce qui prouve que l'on n'y tenait guère, et l'enseignement secondaire fut ruiné.

M. le ministre de la guerre, dans ce même rapport où il écrit : « Les exemples du passé comme le spectacle des sociétés modernes nous montrent partout le fanatisme naître des esprits quand l'ignorance aveugle les masses, tandis que les haines de religion s'éteignent en proportion des progrès de l'instruction et des sages ménagements apportés dans la lutte contre les préjugés », se déclare absolument convaincu, après mûres réflexions, qu'il faut renoncer à l'idée d'organiser en même temps les trois ordres d'enseignement et écarter le projet de réglementer tout d'abord les écoles primaires, pour ne pas se mettre en contact immédiat et direct, sur toute l'étendue de l'Algérie, avec l'universalité de la population musulmane.

Le décret qui suivit ce rapport déclarait l'instruction primaire et secondaire dans les écoles musulmanes, placée sous la haute surveillance du gouvernement général et avait bien soin d'ajouter qu'il n'était apporté aucune modification aux conditions d'existence et au mode d'instruction en usage. Le gouvernement se réservait, il est vrai, un droit, celui d'affecter un fonds annuel, inscrit au budget de l'État, pour accorder des gratifications aux instituteurs et aux élèves les plus méritants. Il eût été difficile de pousser plus loin « les sages ménagements apportés dans la lutte contre les préjugés » et l'ignorance.

Le même décret instituait aux frais de l'État dans chacune des villes de Médéah (un arrêté ministériel, du 17 janvier 1855, substitua Blidah à Médéah, et plus tard Alger fut préférée à Blidah), Tlemcen et Constantine des médersas pour former des candidats aux emplois dépendant des services du culte, de la justice, de l'instruction publique indigène et des bureaux arabes, pour fournir des candidats aux fonctions de muphti, de cadi, d'iman, de khodja et autres emplois réservés aux indigènes dans les services administratifs de l'Algérie.

La médersa de Constantine avait été fondée par Salah-bey, dotée par lui et annexée à l'une des trois plus grandes mosquées. Il est enterré avec sa famille et quelques professeurs dans une sorte de terre-plein couvert qui domine la cour intérieure de l'École.

Actuellement, après plusieurs modifications successives, les médersas ne préparant plus que des candidats aux fonctions de la magistrature musulmane sont rattachées directement à l'École de droit d'Alger (1), comme les chaires publiques d'arabe le sont à l'École des lettres, ce qui peut être conforme à la logique, mais n'est certainement pas fait pour faciliter la réussite de la grande œuvre à laquelle nous devons surtout travailler tous, celle de la propagation de la langue et de la civilisation françaises chez les indigènes. Tous les efforts doivent tendre à ce but, qui semble fuir, à mesure qu'on marche : il faut donc, avant tout, l'expérience du passé

(1) Un arrêté du 1er mai, approuvé par M. le gouverneur général, a placé les médersas sous l'autorité directe du recteur.

ne l'a que trop montré, une grande unité d'action. Il faut, selon nous, que tous les services de l'instruction publique relèvent du recteur, par l'intermédiaire de l'inspecteur d'académie qui le représente dans chaque département.

La médersa de Constantine est dirigée par un interprète de l'armée qui fait son cours en arabe. Il a pour collaborateurs deux professeurs indigènes très instruits, qui font également leur cours en arabe, et deux jeunes maîtres français qui enseignent, l'un les éléments de la langue française avec une grammaire publiée à Beyrouth par les pères jésuites, et qui n'est guère qu'une traduction en arabe, avec le français en face, de la petite grammaire de Lhomond, l'autre la lecture, l'écriture et le calcul.

Les cellules fraîches et sombres, pareilles à des cabinets de bains publics, autrefois habitées par les élèves, qui menaient une existence toute monacale, sont vides et fermées. Les étudiants logent en ville, à la mode française. Il paraît qu'on a déjà dû en exclure plusieurs, qui avaient un peu trop largement usé de la liberté qu'on leur laisse.

A la médersa de Constantine, les élèves, qui étaient au nombre de 17 l'année dernière, et ne sont plus actuellement que 11, sans compter une douzaine d'auditeurs bénévoles, sont pourvus d'une bourse, grâce à la libéralité du conseil général.

Pour pouvoir entrer dans les médersas, les candidats, d'ailleurs très peu nombreux, surtout dans la province de Constantine, doivent subir un examen d'admission et prouver qu'ils savent parler et écrire le français. Ils vivent entre eux, n'ont de relations qu'avec des Arabes, en dehors du directeur et des deux maîtres français.

D'après le dernier rapport de M. le Gouverneur général, aucun élève de la médersa d'Alger n'a paru posséder assez la langue française pour pouvoir suivre utilement le cours de droit musulman professé à l'École de droit par M. Zeys, en sorte qu'aucun n'a profité de l'avantage qu'on avait voulu leur assurer à tous en transportant la médersa de Blidah à Alger. A Constantine, ce sont ceux qui savaient un peu de français qui ont échoué aux derniers examens de fin d'études : pour se faire comprendre des autres, les examinateurs étaient obligés d'avoir à chaque instant recours au professeur d'arabe, qui voulait bien leur servir d'interprète. Et voilà les hommes qui demain, et pendant de longues années, vont rendre la justice à leurs coreligionnaires au nom du peuple français! Est-ce le moyen de propager notre civilisation que d'investir d'une fonction si importante, qui commande à tous le respect, de faire bach-adels et cadis des hommes qui la connaissent si mal, qui l'apprécient si peu? Il faut, selon nous, au plus vite, exiger de tous les candidats, d'ici à trois ans, le certificat d'études spécial aux indigènes, dispenser dès maintenant de l'examen tous ceux qui en sont pourvus, mettre au nombre des épreuves de l'examen de sortie une dictée française, une conversation en français et donner, au besoin, aux élèves qui échoueront la faculté de faire une quatrième année.

M. Jeanmaire, recteur de l'académie d'Alger, qui ne cesse de s'occuper avec autant de dévouement que de succès de la question des indigènes, a parfaitement compris qu'il était urgent de modifier la situation actuelle des médersas. Un arrêté rectoral du 1er mai 1886, approuvé par M. Tirman, Gouverneur général de l'Algérie, vient de placer les directeurs des trois médersas sous l'autorité directe du recteur de l'Académie, dont ils recevront les instructions et à qui ils rendront compte de leur administration dans des rapports mensuels. Désormais les inspecteurs d'Académie pourront être délégués pour la surveillance et l'inspection des médersas, ainsi que pour l'instruction des affaires concernant ces établissements (1).

Une mesure analogue devrait être prise pour les chaires publiques d'arabe dont les professeurs ont une double tâche, faire connaître la littérature arabe et préparer tous ceux qui ont intérêt à apprendre l'arabe, notamment les instituteurs, au brevet et au diplôme.

Ainsi l'on obtiendrait dans chaque département l'unité d'action indispensable.

(1) Il est maintenant question de les supprimer tout à fait.

VI

COLLÈGE ARABE-FRANÇAIS

On reconnut bientôt la nécessité d'assurer à un petit nombre de jeunes indigènes une bonne instruction secondaire. Un rapport du maréchal Vaillant, ministre de la guerre, proclame encore une fois que « l'un des moyens les plus propres à assurer notre influence sur la race arabe et à la diriger dans la voie qui convient à nos intérêts, est sans contredit l'instruction. » Il proclame la nécessité « de ramener sans secousse sous notre action les écoles placées dans des tribus éloignées, où des maîtres fanatiques inculquent trop souvent à la jeunesse studieuse un fâcheux esprit d'intolérance. » Par le décret du 24 avril 1857 qui suivit ce rapport, le collège arabe-français d'Alger fut créé. Il fut d'abord placé dans les attributions du ministre de la guerre; mais, l'année suivante, la surveillance et la haute direction en furent confiées au recteur. Ce qui montre bien jusqu'où l'on poussait alors les scrupules et la méfiance, c'est que le maréchal Vaillant, après s'être posé la question de savoir s'il fallait recevoir les Européens comme pensionnaires à côté des musulmans, déclare qu'après mûres réflexions il n'hésite pas à se prononcer pour la négative. Il ne paraît pas possible au maréchal de soumettre aux principes d'une éducation commune des enfants appartenant à deux religions aussi différentes dans leurs dogmes comme dans leurs rites, que le christianisme et l'islamisme. Voilà comment on s'y prenait en 1857 pour hâter le rapprochement des deux races !

D'après le décret, les Européens purent être admis à suivre les cours du collège arabe-français, mais seulement en qualité d'externes ; 150 élèves durent être entretenus aux frais de l'État, ou du budget local et municipal. Les bourses étaient réservées aux fils d'officiers, chefs et agents indigènes ayant servi ou servant l'État et aux fils de sous-officiers indigènes tués ou restés estropiés par suite de blessures reçues dans l'exercice de leurs fonctions. Le prix de la pension pour les élèves payants fut fixé à 800 francs.

Un collège arabe-français fut créé dans les mêmes conditions à Constantine en même temps qu'à Oran par décret du 16 juin 1865. Les bâtiments furent commencés immédiatement. En sortant de la gare on aperçoit sur la droite du ravin et de la trouée du Rhumel, au sommet du massif énorme de rochers qu'on nomme le M'cid, au-dessus du cimetière israélite, un grand bâtiment encore inachevé, ayant la forme d'un quadrilatère, flanqué de donjons carrés avec dômes, affectant une forme orientale. C'est aujourd'hui l'hôpital civil, qui a pris la place de l'ancien collège arabe-français. Cet établissement s'ouvrit le 1er janvier 1867, sous le gouvernement du maréchal de Mac-Mahon. Le premier directeur fut un capitaine du génie, ancien commandant supérieur de Bousaada, qui fut plus tard remplacé par un directeur civil. Les professeurs et le surveillant général furent empruntés à l'Université. On fit revenir dans leur province les indigènes entretenus au collège d'Alger et l'on put presque dès le début organiser tout l'enseignement, qui comprenait trois classes primaires, une année préparatoire et trois années d'études avec un programme analogue à ceux de notre enseignement secondaire spécial, hormis que l'arabe y tenait une plus large place. Le professeur d'arabe fut M. Machuel, qui dirige actuellement l'enseignement public en Tunisie. Il y avait en outre un professeur de mathématiques, un professeur de sciences physiques, un maître de gymnastique qui était un soldat. Un iman donnait l'instruction religieuse aux musulmans qui faisaient régulièrement les cinq prières prescrites et observaient rigoureusement le jeûne du ramadan. Des bourses furent créées.

L'autorité militaire était alors toute-puissante. Elle *priait* les familles les plus riches d'envoyer leurs garçons au collège : cette prière était considérée comme un ordre et les enfants devenaient comme des otages qui répondaient de la soumission et de la fidélité des parents. En même temps on choisissait les meilleurs élèves dans les quelques écoles arabes-françaises existantes et on les élevait au collège arabe-français aux frais de leur tribu. Un grand nombre de jeunes Européens vinrent avec empressement au collège malgré l'éloignement, bien qu'il fallût faire un petit voyage et une véritable ascension pour y arriver, afin d'apprendre la langue arabe. En avril 1867 le collège arabe-français de Constantine comptait déjà 112 élèves, dont 102 pensionnaires, 1 demi-pensionnaire et 9 externes. Sur ce nombre il y avait 108 indigènes et 4 Français. En juillet 1870, à la fin de son existence, il avait réuni 199 élèves dont 100 pensionnaires, 65 demi-pensionnaires et 34 externes, 117 indigènes et 82 Européens. Un certain nombre d'élèves, soit Français, soit indigènes, en sortirent comme interprètes militaires ou judiciaires, entrèrent dans les administrations des contributions, des postes et télégraphes, aux écoles vétérinaires, de Saumur, même de Saint-Cyr au titre étranger. Deux d'entre eux donnèrent la préférence à l'instruction publique : l'un d'eux, dont j'ai déjà cité le nom, est aujourd'hui professeur d'arabe au lycée et à l'École normale de Constantine.

Le 28 octobre 1871 un arrêté du Gouverneur général civil, M. l'amiral de Gueydon, annexa le collège arabe-français d'Alger au lycée. Le Gouverneur justifiait cette mesure en constatant dans les considérants de son arrêté que l'expérience avait démontré la nécessité d'introduire dans les collèges arabes-français un certain nombre d'élèves européens, afin de faciliter l'étude des langues et le rapprochement des races ; mais il prescrivait que les élèves seraient séparés, non seulement pour l'accomplissement de leurs devoirs religieux, mais encore dans les réfectoires et les dortoirs.

La même mesure fut prise pour le collège arabe-français de Constantine, qui fut réuni au collège communal, fondé par décret du 29 février 1860.

Le personnel du collège arabe-français rentra dans les rangs de l'Université et quelques-uns des anciens professeurs de cet établissement font encore aujourd'hui partie du lycée de Constantine.

Un collège communal avait été créé à Bône dès le 22 février 1859, un autre à Philippeville le 30 mai 1860.

Sétif joignit quelques classes d'enseignement secondaire à ses classes primaires de garçons et eut aussi son collège.

Le collège de Constantine a été transformé en lycée à la rentrée de 1883-84.

Voici quel est actuellement le nombre des élèves indigènes présents dans les établissements d'enseignement secondaire publics du département :

Lycée de Constantine	32
Collège de Bône	11
— de Philippeville	»
— de Sétif	3
Total	46

Sur les 32 élèves du lycée de Constantine, 5 sont externes libres, 1 demi-pensionnaire et tous les autres pensionnaires; un est boursier du ministère de l'instruction publique, trois du gouvernement général de l'Algérie, 21 des diverses communes mixtes, les autres payent le prix de la pension ou les frais d'études. Les parents de 3 d'entre eux sont propriétaires, le père d'un est négociant, tous les autres sont fils d'officiers ou de fonctionnaires. L'un d'eux est en rhétorique (1), un en 5e, un en 6e, un en 8e, 2 dans la classe spéciale des interprètes, 5 dans l'année préparatoire, 3 dans l'enseignement secondaire spécial, tandis que tous les autres suivent les classes primaires.

Ces renseignements, très complets et très exacts, ont leur importance; ils permettent d'apprécier d'où sortent ces jeunes gens et où ils tendent.

Ajoutons qu'un indigène de Souk-Ahras, élève de mathématiques spéciales au lycée d'Alger, a été l'année dernière admissible à l'École polytechnique.

On voit combien est minime le nombre des garçons indigènes qui viennent chercher l'instruction secondaire dans nos établissements. Une jeune fille musulmane est pensionnaire à l'école secondaire de Constantine et elle ne se distingue pas de ses compagnes.

(1) Il vient d'être reçu au baccalauréat ès lettres (1re partie) avec la note : *Assez bien*.

L'année dernière encore les indigènes musulmans avaient une étude, un réfectoire, un dortoir à eux. Depuis la dernière rentrée ils sont répartis, suivant leur âge et leur classe, avec leurs camarades français, sans qu'il en soit résulté le moindre inconvénient et la plus petite réclamation. Un ou deux d'entre eux ont même demandé à porter le même uniforme, en conservant seulement pour coiffure la chéchia, à laquelle ils sont accoutumés depuis leur enfance. Ils partagent les jeux, la vie de leurs condisciples, comme leurs études. La plus grande tolérance et la plus franche camaraderie se sont établies et ainsi s'opère peu à peu une véritable fusion, qui nous fait vivement regretter que le nombre des élèves indigènes appelés à en profiter ne soit pas plus considérable.

VII

LES ISRAÉLITES INDIGÈNES

Un décret du gouvernement de la Défense nationale en date du 24 octobre 1870 a conféré, sans réserve ni transition, aux israélites indigènes la qualité et les droits de citoyens français, les a soumis à l'application de la loi française. Leurs enfants sont donc, en vertu du décret du 13 février 1883, astreints, comme les Français et les étrangers, à l'obligation scolaire.

Il est intéressant néanmoins de rappeler les mesures prises à leur égard et de constater comment ils se comportent.

L'ordonnance royale du 31 décembre 1845, qui a réglé l'organisation du culte israélite en Algérie, stipulait que des salles d'asile et des écoles seraient créées pour les israélites des deux sexes, entretenues au moyen des subventions des consistoires, des rétributions des élèves payants et, au besoin, des subventions du gouvernement. L'enseignement devait comprendre l'instruction religieuse et la langue française.

L'israélite, répandu dans le monde entier, devenu cosmopolite, ayant toujours su se plier aux circonstances avec une souplesse merveilleuse, avait adopté, en Algérie, presque le costume et la langue des Arabes. On dit même que parfois il aurait, par force, embrassé la religion du prophète et notamment qu'un quartier de Tuggurt, appelé Méjaria, dont les habitants se font remarquer par la blancheur de leur teint et la pureté de leurs traits, au milieu des visages noirs ou bronzés, serait peuplé par des descendants d'anciens juifs venus du Souf, qui se seraient convertis à l'islamisme pour conserver leur vie. On a donc eu raison de profiter de cette remarquable faculté d'assimilation, sans cesse développée par la passion mercantile, et de les pousser plus vite que les indigènes musulmans vers des études pour lesquelles ils devaient avoir moins de répugnance. Un règlement en date du 24 novembre 1875 a déterminé les conditions d'existence des écoles libres israélites, dites midrashim. « Ce sont presque toujours, d'après le rapport de M. Henri Lebourgeois, inspecteur général, qui visita l'Algérie en 1880, de mauvaises garderies, installées, soit dans des synagogues ouvertes à tout venant, où l'on boit, où l'on mange, où l'on recueille pêle-mêle des malades ou des pèlerins, soit dans des chambres dont l'état de malpropreté est indescriptible. » D'après le règlement précité nul midrash ne peut plus être ouvert sans l'autorisation du recteur et les enfants de six à treize ans ne peuvent y être reçus qu'en *dehors des heures de classe*. On y enseigne surtout l'hébreu et la religion. L'année dernière il n'y en avait plus que sept avec 467 élèves. Il n'y a plus lieu de s'en préoccuper depuis le décret du 13 février 1883, surtout à Constantine, où la commission scolaire fonctionne régulièrement tous les mois et a déjà prononcé la peine de l'affichage contre un certain nombre de parents israélites ignorants et récalcitrants, et même en a signalé plusieurs au juge de paix, après récidive. Aussi les locaux des deux écoles, l'une de garçons, l'autre de filles, situées dans les quartiers spécialement habités par les israélites indigènes, sont-ils devenus tout à fait insuffisants et il a fallu ouvrir plusieurs classes nouvelles.

D'après le recensement scolaire effectué en 1883, en exécution des instructions gouvernementales du 24 mai pour l'application du décret du 13 février 1883, le nombre des enfants israélites indigènes serait de 8 484.

Or il y avait dans les écoles publiques, d'après les derniers états de situation, 2 073 élèves israélites âgés de plus de six ans. Et ce nombre ne peut manquer de s'accroître rapidement.

A part un petit nombre de familles qui croupissent dans l'ignorance et la misère, l'israélite a trop le souci, l'instinct de son intérêt, du commerce, pour ne pas joindre à sa langue qui lui permet de se faire comprendre des Arabes, la connaissance de la langue française, afin d'entrer plus facilement, et sans le concours d'un intermédiaire dont il se méfie toujours, en relation avec nous. Il est en général intelligent et tenace. Je n'étonnerai personne en disant qu'il a une aptitude merveilleuse pour le calcul. Combien de fois, dans une école, n'avons-nous pas posé des questions de calcul mental fort simples, à l'un, à l'autre, et chacun de rester muet; alors, si nous nous adressons à tout le monde en masse, c'est un petit israélite qui répond, et sa réponse est presque toujours exacte. A Constantine, dans les écoles dites israélites, parce qu'elles sont situées dans les quartiers où ils habitent et que, si elles ont des maîtres de différents cultes, les élèves appartiennent presque tous à la race juive, on trouve bien encore dans chaque école une trentaine d'enfants, les derniers venus, qui ne savent pas le français, ne l'entendant jamais parler chez eux, et qui apprennent l'alphabet. Dans les trois ou quatre classes qui suivent on obtient des réponses, mais difficilement, après avoir tourné la question de plusieurs façons, jusqu'à ce qu'on ait rencontré, à peu près, les mêmes termes dans lesquels elle a déjà été faite plusieurs fois par le maître : c'est la mémoire qui parle, on n'arrive pas à se mettre en communication avec l'intelligence. L'enfant lit, écrit, il a des cahiers bien tenus ; mais les progrès sont lents. Ils ne s'accentuent que quand la glace est tout à fait rompue, que le maître et l'élève disposent librement et complètement du moyen de communiquer, d'échanger, de provoquer des idées. Nous avons vu dernièrement, à l'école de garçons, deux classes du cours moyen : l'ensemble des élèves avait acquis les connaissances voulues ; mais leur âge était en moyenne de treize à quinze, au lieu de neuf à onze ans. Les jeunes filles juives conservent presque toutes leur costume magnifique, aux couleurs voyantes et variées, la petite chéchia de velours pointue, toute garnie de sequins, ou la petite toque mauresque toute brodée d'or, coquettement posée et inclinée sur le haut de la tête. Le jour de la distribution des prix ces trois cents petites juives, à la chevelure luxuriante, tout étincelantes de joie et de soie, d'or et de jeunesse, font penser à cet essaim de beautés, à qui notre grand poète Racine a fait chanter en beaux vers des plaintes si touchantes : l'on cherche Esther et Élise. Dans les classes supérieures de l'école de garçons la plupart des élèves ont quitté le costume oriental. Ils sont vêtus tout à fait à la française. Un certain nombre de parents juifs envoient même de préférence leurs enfants dans les autres écoles, bien que ce soit l'école dite israélite, dirigée par M. Salomon, qui obtienne depuis plusieurs années les meilleurs résultats aux examens du certificat d'études, et qu'elle ait fait admettre plusieurs de ses élèves à l'École normale. Ils veulent qu'ils soient en contact avec les Français. Les écoles primaires supérieures de Constantine ont été créées l'année dernière : on y compte un certain nombre d'israélites indigènes.

VIII

AUJOURD'HUI

Presque au lendemain de la conquête une ordonnance royale du 1ᵉʳ décembre 1831 avait créé à Alger une intendance civile, relevant des divers ministères, et appuyée d'un conseil d'administration. Par arrêté du 20 avril 1832 l'intendant, baron Pichon, voulant pourvoir à Bône, et dans les autres parties de la province de Constantine occupées par l'armée, aux besoins les plus urgents de la justice et de l'administration civile, y créa, en même temps qu'un juge royal, un sous-intendant civil, qui eut sous ses ordres tous les agents de l'instruction publique, comme tous les autres fonctionnaires.

La direction supérieure du service de l'instruction publique, comme de tous les autres, appartint ensuite au Gouverneur général (arrêté ministériel du 2 août 1846) et plus tard, sous ses ordres, au directeur de l'intérieur, puis au directeur général des affaires civiles.

Enfin l'Académie d'Alger fut instituée en 1848 par arrêté du président du conseil, chef du pouvoir exécutif. Le recteur fut assisté d'un inspecteur et de deux sous-inspecteurs, puis de trois inspecteurs primaires, le titre de sous-inspecteur ayant été supprimé en 1860.

Un décret du 31 octobre 1863 créa pour toute l'Algérie

un emploi d'inspecteur des établissements d'instruction publique ouverts aux indigènes, dont un décret du Gouverneur général, maréchal Pélissier, régla les attributions. Il devait se rendre au moins une fois par an dans les chefs-lieux de division et de subdivision, visiter les médersas, écoles arabes-françaises, écoles arabes et zaouïa de ces chefs-lieux, visiter les écoles établies dans les autres centres de population et dans les postes et cercles des tribus au moins une fois tous les trois ans. Immédiatement après chaque visite il adressait un bulletin d'inspection au Gouverneur général. L'autorité militaire avait donc alors la haute main sur l'instruction des indigènes musulmans : l'on sait si la main du maréchal Pélissier était légère. Cet emploi fut supprimé.

Le décret du 15 août 1875, encore en partie en vigueur, appliqua enfin à l'Algérie, sauf de légères modifications, la législation qui régit l'instruction publique en France.

Le conseil départemental de Constantine fut constitué et tint sa première séance le 20 novembre 1875 sous la présidence du préfet.

Déjà, par décision ministérielle du 5 avril 1873, M. Boissière, inspecteur d'Académie d'Alger, avait été nommé à la résidence de Constantine. Chacun des trois immenses départements de l'Algérie eut dès lors à sa tête un inspecteur d'Académie. M. Boissière eut successivement pour successeurs M. Vasseur, décédé inspecteur d'Académie des Ardennes; M. Frin, également décédé pendant la durée d'un congé rendu nécessaire par son séjour en Afrique; M. Guerrier, actuellement encore vice-recteur à la Martinique; et M. Cat, maître de conférences à l'École des lettres d'Alger, qui tous s'occupèrent activement de l'instruction des indigènes.

Il n'y avait d'abord qu'un seul inspecteur primaire au chef-lieu. Au mois d'avril 1874 un nouvel inspecteur fut nommé à Bône. Enfin, par arrêté du 17 février 1883, une troisième circonscription fut créée et un arrêté du 7 mai, même année, répartit le service tel qu'il l'est encore aujourd'hui.

La 1re circonscription, de beaucoup la plus vaste et la plus chargée, comprend les arrondissements de Constantine, Philippeville et Batna, va de Collo à Tuggurt.

La 2e, ayant pour chef-lieu Bône, comprend les arrondissements de Bône et de Guelma.

La 3e, ayant pour chef-lieu Sétif, comprend les arrondissements de Sétif et de Bougie.

L'immensité du territoire, la difficulté des communications, l'augmentation du nombre des écoles rendent indispensable, si l'on continue à pousser activement l'œuvre de l'instruction des indigènes, la création d'une 4e circonscription avec Batna pour siège.

IX

RECRUTEMENT DU PERSONNEL

ÉCOLE NORMALE D'INSTITUTEURS

Au début, l'École normale d'instituteurs d'Alger, fondée le 22 avril 1865 pour les Européens et les indigènes, recevait quelques jeunes gens de la province de Constantine qui, pour la plupart, n'y revenaient pas ou quittaient l'enseignement.

Le plus souvent il fallait faire venir des maîtres de France. Un très petit nombre de ceux qui demandaient à venir sortaient des écoles normales de la métropole, avaient, outre une instruction suffisante, une préparation pédagogique convenable. La plupart étaient des instituteurs âgés, chargés de famille, alléchés par l'appât d'un traitement plus fort et par l'espoir d'augmenter une pension de retraite obtenue plus tôt. Quelques-uns demandaient l'Algérie pour raisons de santé, comme si les fatigues de l'enseignement n'étaient pas plus pénibles, plus épuisantes sous un climat excessif, avec ses pluies torrentielles, ses vents parfois terribles, ou ses chaleurs torrides, que dans les régions moyennes de notre belle France. D'autres enfin cherchaient à s'expatrier parce qu'ils n'avaient pas réussi chez eux et qu'ils avaient rendu leur éloignement nécessaire. S'ils n'étaient pas placés, tous ces nouveaux venus, dans une ville ou sur le littoral, ils se trouvaient dépaysés, avaient de la peine à s'acclimater ; en proie à la fièvre, au découragement, ils demandaient avec instances une nouvelle faveur, celle d'être rapatriés (1). Ils ne connaissaient pas les mœurs du pays, sa culture, la langue des Arabes et ils rendaient peu de services. Heureusement tous n'ont pas fait ainsi et nous avons aujourd'hui dans le département un bon nombre d'instituteurs venus des différentes régions de la France, notamment de l'Est, des académies de Nancy et de Besançon, du sud-est, des académies d'Aix et de Grenoble, et beaucoup du sud-ouest, des Hautes et des Basses-Pyrénées, qui se sont parfaitement acclimatés au pays, sont devenus de véritables Algériens, ont rendu et rendent encore, non seulement dans les villes, mais même dans des centres éloignés, d'excellents services. La situation des instituteurs de la métropole venait d'être enfin un peu améliorée. Les demandes de France diminuaient. Les bons choix devenaient plus difficiles.

(1) Quand, après la mission si heureusement accomplie de M. Masqueray, aujourd'hui directeur de l'École des lettres d'Alger, aidé de M. Sabatier, alors administrateur de la commune de Fort-National, aujourd'hui député d'Oran, et de M. Scheer, instituteur à Fort-National, aujourd'hui inspecteur spécial des écoles indigènes, M. J. Ferry, ministre de l'instruction publique, voulut commencer par organiser l'enseignement primaire en Kabylie, un grand nombre d'instituteurs répondirent à son appel. On leur faisait de fort belles conditions. Ceux qui furent choisis vinrent avec empressement. Ils furent aussi bien accueillis et installés que possible. Ils reçurent toutes les leçons et indications nécessaires. Un de nos compatriotes et anciens élèves, dont nous sommes heureux de rencontrer le nom, M. Cervelle, médecin-major et directeur de l'hôpital, leur donna des leçons d'hygiène et de médecine, ce qui devait être utile autant à leurs élèves qu'à eux-mêmes et à leur famille. Ils sont tous rentrés en France, sauf un, que nous avions connu dans le département du Doubs, M. Verdy, aujourd'hui directeur de l'école kabyle-française des Beni-Yenni.

On reconnut alors que l'École normale d'Alger ne pouvait pas suffire au recrutement de l'Algérie. On aurait pu l'agrandir. On préféra construire une nouvelle école à Constantine et l'on fit bien. Sans doute on doit maintenant payer un personnel double et la dépense est assez forte ; mais il faut bien tenir compte des distances. D'ailleurs il fallait pour un certain nombre d'instituteurs français des adjoints indigènes. Ceux qu'on avait, ou dont on pouvait disposer, étaient fort peu instruits, sans titre de capacité. Or l'Arabe, malgré son humeur vagabonde, ne laisse pas volontiers ses enfants s'éloigner de lui. Aucun indigène de la province de Constantine ne consentait à aller passer un an ou deux à l'École normale d'Alger.

La création d'une École normale d'instituteurs à Constantine fut décidée. Un concours pour la construction fut ouvert le 2 février 1876. L'emplacement fut choisi. Le projet de M. Robiet, architecte à Constantine, fut adopté avec de légères modifications. La dépense de construction ne devait pas dépasser 100 000 francs.

On renonça à la placer soit à El-Arrouch, bien qu'un immeuble départemental dût devenir vacant, à cause du peu d'importance de cette localité et de la difficulté de la surveillance, soit sur le penchant du Coudiat-Aty.

L'École normale s'élève à mi-côte du Mansourah, en avant d'une forêt de pins, qui lui forme comme une immense ceinture verte, un réservoir de fraîcheur et d'air pur. Elle domine la gare, toute la ville étagée sur le rocher que contourne le Rhumel, dont les émanations ne peuvent monter jusqu'à elle. Sa situation est admirable. Elle serait parfaite, s'il ne se produisait pas dans le sol des glissements qui nuisent à la solidité de l'édifice.

L'école devait loger 30 élèves-maîtres internes, avec prévision d'augmentation jusqu'à 40. Des agrandissements ont déjà été opérés. Tous les services sont à l'étroit et d'autres adjonctions seront encore nécessaires. Car l'effectif des élèves-maîtres des trois années est actuellement de 36 et il est loin de suffire aux besoins du service, bien qu'on y ait annexé un cours normal indigène.

L'École fut ouverte au commencement de 1879.

Le personnel comprend aujourd'hui, outre le directeur et l'économe, cinq professeurs ou maîtres adjoints, deux pour les lettres, trois pour les sciences, un directeur de l'école annexe, qui devrait être aidé dans sa double tâche d'instituteur et de directeur de pédagogie pratique par un adjoint, attendu que cette école compte 108 élèves et qu'elle est la seule école de garçons du faubourg, un médecin, chargé du cours d'hygiène que doivent désormais suivre les élèves du cours normal indigène, des professeurs auxiliaires d'arabe, de dessin et de modelage, de musique et de gymnastique.

Le recrutement ne se fait pas exclusivement dans le département, ni même en Algérie. Les jeunes gens trouvent facilement ici, dans un pays neuf, où il y a encore tout à créer, dans le commerce, dans les diverses administrations, dans les chantiers de chemins de fer en construction, dans l'agriculture, des emplois bien mieux rémunérés que ceux de l'instruction primaire. Et il ne faut pas s'en plaindre. Ils ne se présentent pas à l'École normale, ou ils nous quittent à la première occasion favorable. L'année dernière, à la suite du concours ouvert pour 19 places, deux jeunes gens de la province seulement ont été admis. Il a fallu choisir parmi les candidats portés sur les listes supplémentaires de France et qui, sur l'avis inséré au *Bulletin administratif*, avaient formulé une demande. Les candidatures furent très nombreuses et il fut bien facile de compléter l'effectif. Tous ces jeunes gens venus des différents points de la France, déjà presque tous pourvus du brevet élémentaire, apprennent l'arabe, s'acclimatent, et rendront bien plus de services que ceux qui viennent débuter ici sans aucune préparation. Le conseil général n'aura certainement pas à regretter le trousseau qu'il accorde depuis un an à tous les élèves-maîtres entrants. Quand ils auront accompli leurs dix années de service dans l'enseignement public, s'ils le quittent, ils resteront pour la plupart en Algérie, où le nombre des Français est bien insuffisant. Ils ne seront certainement pas inutiles à la colonie et à la colonisation. Cette remarque absolument juste a été faite au conseil général avec beaucoup d'à-propos par M. Raffin, maire de Batna. Elle ne pouvait pas ne point déterminer le vote, bien qu'il fût question d'une somme, relativement élevée, de 5 700 francs.

Au mois de juillet dernier, un jeune Kabyle, M. Lahssein, est sorti de l'École normale avec le brevet de capacité et il a été nommé instituteur près de Bougie, dans son pays natal. Mais c'est là une heureuse exception.

Il fallait amener un grand nombre d'indigènes à se préparer à la carrière d'instituteur et à profiter pour cette préparation de tous les avantages, de toutes les ressources qu'on trouve dans les Écoles normales.

X

COURS NORMAL INDIGÈNE

Sur l'initiative de M. Martel, inspecteur d'académie, chargé alors, conformément à l'article 48 du décret du 13 février 1883, de la mission temporaire d'organiser, sous les ordres du recteur, le service de l'instruction primaire des indigènes, M. le ministre de l'instruction publique autorisa l'ouverture à Constantine, comme à Alger, à partir de la rentrée de 1883-84, d'un cours normal indigène, pouvant recevoir 20 élèves.

Pour prendre part au concours il faut avoir seize ans, s'engager à servir au moins dix ans dans l'enseignement public.

Le concours d'admission comporte :

1° Des épreuves écrites, qui ne sont pas éliminatoires ;

Une dictée, pour laquelle il n'y a point de maximum de fautes déterminé ;

Des problèmes d'arithmétique.

2° Des épreuves orales :

Une conversation en français ;

Une lecture avec explication en français d'un texte français facile.

Les frais de voyage sont remboursés aux candidats. reçus ou non.

L'uniforme des élèves du cours normal de Constantine est simple et sévère : veste, avec palmes violettes, gilet-plastron, pantalon arabe en drap bleu foncé, chéchia, ceinture rouge, burnous blanc.

A la fin de la première année, les élèves se présentent au certificat d'études primaires spécial aux indigènes, à la fin de la seconde année, au certificat d'études français et même au brevet élémentaire.

L'entretien des indigènes à l'école est à la charge de l'État qui leur paie même une indemnité de 300 francs pour le trousseau, la plupart appartenant à des familles pauvres. Pour les encourager, M. le ministre a bien voulu, sur notre demande, décider que ceux qui obtiendraient le brevet élémentaire pourraient, par analogie avec ce qui se fait pour ceux des élèves-maîtres des Écoles normales de France, qui ont obtenu le brevet supérieur, être admis à faire un voyage d'études en France, où ils pourraient se rendre compte par eux-mêmes des richesses de notre pays, de la civilisation française. On peut espérer que cette visite, même rapide, ne manquerait pas de leur ouvrir des horizons nouveaux, de leur inspirer pour notre patrie des sentiments plus vifs d'admiration et de reconnaissance, qu'ils répandraient ensuite autour d'eux.

Après plusieurs concours et examens successifs, l'effectif des 20 élèves du cours normal est au complet. Le recrutement ne s'opère pas encore d'une façon très régulière et très facile ; mais bientôt, surtout si les créations d'écoles indigènes ne sont pas interrompues, les choses prendront un cours tout à fait normal. Toutes les hésitations seront vaincues, les appréhensions dissipées. Plusieurs pères de famille arabes nous ont dit avec respect et confiance : « C'est vous qui êtes le père, nous vous donnons nos enfants, ils sont à vous. » A Alger les indigènes sont logés à part, dans une villa peu éloignée de l'École normale, où ils viennent suivre les cours, chez M. Belkassem ben Sedira, professeur à l'École des Lettres, qui a pour eux les attentions, les soins d'un frère aîné, qui a mérité leur respect et leur confiance. A Constantine, où l'on n'a pas pu trouver les mêmes avantages, où l'École normale est plus éloignée relativement de la ville, où ils seraient restés fatalement dans un milieu trop peu différent de celui où ils ont toujours vécu, les indigènes sont internes. Au début, ils vivaient à côté, en dehors des Français ; il y a même eu d'abord des querelles, des rancunes inévitables. Aujourd'hui, grâce aux efforts persévérants de la direction, on peut dire que la fusion est faite. Les indigènes pratiquent librement leur religion ; ils observent le jeûne du ramadan comme dans leur famille même ; mais ils sont mêlés avec les Français au dortoir, au réfectoire, à l'étude, en récréation, en promenade, partout. Les cinq élèves indigènes les plus avancés, ceux qui ont des chances assez sérieuses d'arriver au brevet élémentaire, suivent même les cours de la première année. Ainsi nous tendons peu à peu au but proposé, l'assimilation. Les résultats obtenus jusqu'ici, malgré de réelles difficultés, sont, dans l'ensemble, très satisfaisants : ils semblent faits pour donner confiance dans le succès final.

XI

ÉCOLE NORMALE D'INSTITUTRICES

Les jeunes filles du département qui veulent se préparer sérieusement aux fonctions d'institutrice se présentent à l'École normale de Milianah. D'autres, en plus grand nombre, suivent les cours des écoles secondaires de Constantine et de Philippeville, des écoles primaires supérieures de Constantine et de Bône. La création d'une École normale d'institutrices spéciale au département de Constantine qui n'aura bientôt plus rien à envier aux départements les mieux dotés de la métropole, est décidée en principe. Les plans sont faits, approuvés sauf de légères modifications, la subvention de l'État accordée ; mais leur exécution est subordonnée à une question qui préoccupe depuis longtemps l'opinion publique et qui ne peut manquer d'avoir bientôt une solution, celle du dérasement du Coudiat-Aty, où se trouve l'emplacement choisi. D'ailleurs les demandes de France affluent en très grand nombre, et le recrutement du personnel laïque des écoles de filles est pour longtemps assuré. On ne peut pas, on ne doit pas négliger la question de l'instruction et de l'éducation de la jeune fille musulmane. Il faut que, quand le jour viendra où nous pourrons nous en occuper sérieusement, nous ayons à notre disposition un certain nombre d'institutrices sérieuses.

dévouées, du pays ou acclimatées, déjà familiarisées avec les indigènes et capables de parler un peu leur langue.

Déjà nous avons créé à l'école primaire supérieure de filles de Constantine un cours d'arabe, fait par Mme Saucerotte, directrice de l'école de filles indigènes, pourvue du brevet spécial.

XII

LES INDIGÈNES DANS LES ÉCOLES PUBLIQUES

En 1873, au lendemain de l'insurrection, d'après le rapport officiel adressé au conseil général et signé de M. Coti, inspecteur primaire, il y avait dans le département de Constantine 171 établissements d'instruction primaire dont 137 publics et 34 libres, recevant 13 349 enfants, dont 6 614 garçons et 6 735 filles. Sur ce nombre total des enfants admis dans les écoles ou salles d'asile, il y avait 10 894 Européens, 1 750 Israélites et 705 musulmans seulement, dont 574 garçons et 131 filles.

D'après le rapport officiel de notre honorable prédécesseur, M. Cat, le nombre des écoles publiques et libres s'élevait au 31 décembre 1882, avant la promulgation du décret du 13 février, à 208, dont 193 écoles publiques et 15 écoles libres, sans compter 11 midraschims. On y recevait 15 394 élèves, dont 879 garçons et 546 filles, ensemble 1 425 enfants israélites, 1 024 garçons et 339 filles, ensemble 1 363 enfants musulmans.

Aujourd'hui, à la fin de l'année 1885-1886, après trois ans d'application du décret, le département de Constantine possède 300 écoles publiques et libres, recevant 17 753 (1) élèves dont 2 541 Israélites et 2 064 musulmans

(1) 23 882 avec les élèves des écoles maternelles publiques et libres.

(289 filles), soit une augmentation considérable depuis trois ans, de 1116 Israélites indigènes et de 601 musulmans, c'est-à-dire 78 p. 100 en plus pour les israélites et 44 p. 100 pour les musulmans.

On peut juger par là des efforts faits et des résultats obtenus, mais aussi apprécier tout ce qu'il reste à faire. D'après le dernier recensement connu, il y aurait 87 715 garçons musulmans de 6 à 13 ans et 64 797 filles.

La marche en avant a été forcément suspendue par suite de l'épuisement et de l'insuffisance des crédits (1). Heureusement un certain nombre de communes (les communes mixtes, très étendues et très peuplées, ont généralement des revenus considérables : ainsi la commune mixte de Jemmapes a 27 266 habitants et 116 816 francs de revenus, Aïn M'Lila 30 114 habitants et 85 659 francs de revenus, celle du Guergour a 54 078 habitants et 80 868 francs de revenus, et ainsi de suite) ont consenti à prendre momentanément à leur charge les nouvelles dépenses, sans quoi nous aurions vu tout progrès arrêté. Le conseil supérieur de l'Algérie a adopté, dans sa séance du 5 décembre 1885, un vœu relatif à une augmentation de crédits pour le service de l'enseignement primaire en Algérie et aussi pour le développement de l'instruction des indigènes.

« Considérant, d'autre part, qu'il est du devoir de la France d'initier autant que possible à sa civilisation les indigènes de l'Algérie, et qu'à cet effet une des premières me-

---

(1) Quelques-uns pensent qu'il serait bon de faire payer aux Arabes deux ou trois centimes spéciaux pour l'instruction, l'émancipation de leurs enfants. Ils en sentiraient ainsi mieux le prix. La question vaut la peine d'être mûrement examinée et réfléchie. A Constantine, les indigènes donnent volontiers à toute souscription ou collecte pour les écoles, croyant peut-être acheter ainsi le droit de n'y point envoyer leurs enfants.

sures à prendre est d'ouvrir, chez eux, des écoles où on leur enseigne les éléments de l'instruction primaire française;

« Le conseil supérieur émet le vœu que le Parlement veuille bien voter....... et, au moyen d'un autre crédit supplémentaire, élever de 45 000 francs à 200 000 francs le crédit inscrit pour 1886, au budget de l'instruction publique, pour l'enseignement des indigènes. »

Ce vœu, signé de MM. Dasnières, G. Lesueur, Puech, Duportal (du département de Constantine), Vagnon, Borély la Sapie, Fauqueux, E. Robe, E. Leroux, Engler, E. Mongellas, D. Uhlmann, Bézy, Fournier, Rinn et C. Allan, c'est-à-dire de presque tous les membres élus du conseil supérieur, a été adopté sans discussion.

La carte du département jointe à ce travail permet de se rendre compte d'un coup d'œil de la situation. Nous y avons marqué d'un signe particulier les écoles indigènes existantes, les écoles créées et non ouvertes, enfin les écoles projetées.

C'est certainement dans la petite Kabylie et dans le sud que les écoles indigènes ont le plus prospéré. A Sétif, comme à Guelma, à Bône, les Arabes sont plus près des Français, ils sont en contact avec eux, ils habitent des maisons construites à la mode française; ils font des affaires, du commerce avec nous. Ils consentent à mettre dans leur estime le roumi un peu au-dessus du juif et ils ne montrent pas trop de répugnance à envoyer leurs enfants à l'école. A Constantine, où ils vivent presque tout à côté de nous, dans une ville à part, qui a conservé tout son cachet pittoresque, ses rues étroites, sinueuses, mal pavées et descendant jusqu'au bord du ravin, à la pointe de Sidi Rached, ils sont plus réfractaires. Nous espérons bien que les pouvoirs publics sauront les décider, que l'exemple partira de haut et qu'il sera suivi.

Nous avons actuellement une seule école principale, celle de Tuggurt; mais elle n'a encore autour d'elle aucune école préparatoire. Celle de Biskra est principale en principe : l'instituteur doit surveiller les écoles préparatoires de Vieux-Biskra, de Sidi Okba, à 28 kilomètres, et même d'El-Kantara, à 60 kilomètres.

Voici la liste par circonscription et par arrondissement des écoles spéciales aux indigènes actuellement existantes :

CIRCONSCRIPTION DE CONSTANTINE.

Arrondissement de Constantine : Constantine (garçons); Constantine (filles). — Guettar el-Aïech. — Oum el-Bouaghi. — Tifech.

Arrondissement de Batna : N'Gaous. — Vieux-Biskra. — El-Kantara. — Lambèse. — Sidi Okba. — Tolga. — Tuggurt.

Arrondissement de Philippeville : Ouled-Derradj.

CIRCONSCRIPTION DE BÔNE.

Arrondissement de Bône : néant.
Arrondissement de Guelma : Taya.

CIRCONSCRIPTION DE SÉTIF.

Arrondissement de Bougie : Bougie (filles). — Toudja. El-Flayes. — Vieux-Marché. — Abaïnou. — Tinebdar, dans la commune de Sidi Aïch. — Ouzellaguen, dans la commune d'Akbou. — Ouled-bou-Gad.

Arrondissement de Sétif : El-Maïn. — Mansourah.

— Zémorah. — Bir el-Arch. — Mériout. — Ksar-Tir.

Une école indigène a été créée à Fontaine-Chaude, sur la ligne de chemin de fer de Constantine à Batna. Il a fallu y renoncer, ce village, envahi par la fièvre, ayant été complètement abandonné. L'école a été transférée dans un autre centre à quelques kilomètres, à Aïn-Yagout, autre station de la même ligne et confiée à un maître français. Une classe indigène avait été encore annexée à l'école d'Aïn-Abessa; mais le maire n'a pas réussi à décider les indigènes à y envoyer leurs enfants et il a fallu la fermer.

Un certain nombre d'écoles seront ouvertes dès la prochaine rentrée de septembre, dans la commune de Sidi-Aïch, dont les journaux, avons-nous dit, ont tant parlé dans ces derniers temps, à l'occasion des indigènes mordus à la fontaine par un chien enragé et envoyés à Paris par l'administration pour suivre le traitement de M. Pasteur (1), à Saint-Arnaud, à El-Milia, section de Zaouïa-Amokran, à Châteaudun et dans les sections d'Aïn Melouk, Saint-Donat, Télerghma, à la Meskiana et dans les sections de Ras Nini et de Ras Zebar. Nous espérons bien ne plus attendre longtemps la construction des écoles principales de Tolga et d'El-Oued. Les écoles de ces deux grandes oasis réussiront certainement comme celle de Tuggurt. Sur l'ordre de M. le général O'Neill, com-

(1) Ces malheureux Kabyles ne voulaient pas partir. Il a fallu les amener presque de force et les tenir enfermés au bordj. Ils avaient tous oublié quelque chose d'indispensable. Si on les avait laissé sortir ils ne seraient pas revenus. Ils étaient persuadés qu'ils ne reverraient plus leur village. On les a conduits en voiture et embarqués à Bougie. Ils viennent de rentrer guéris, enthousiasmés, pleins d'admiration et de reconnaissance pour la France. Eux, qui ont étonné Paris par leur impassibilité, leur dignité en haillons, ils dansaient de joie dans le cabinet de M. l'administrateur, dont ils béniront le nom jusqu'à la fin de leur vie.

mandant la division par intérim, des locaux provisoires viennent d'être loués, en attendant les constructions décidées, pour lesquelles les fonds nécessaires sont réservés, et les écoles d'El Oued et de Tolga s'ouvriront dès la rentrée de 1886-87.

Nous avons rencontré au bordj de Chegga, le second gîte d'étape après Biskra, une grande caravane de chameaux transportant jusqu'à El Oued des tuyaux de forage pour les puits artésiens. Le chef de l'escorte, en garnison là-bas, nous a été présenté et nous a déclaré en bon français que l'école était attendue avec impatience et qu'elle serait immédiatement remplie; plusieurs Arabes, à l'œil intelligent et vif, qui nous entouraient, ont fait un signe d'assentiment.

Ce n'est pas tout. La création d'écoles indigènes a été déjà votée à El Arrouch, section de Sidi Takouk, à Barika, à Aïn Tagrout et dans la section de Bir Kasdali, à Sétif dans les sections de Fermatou et de Mesloug, à Bizot et dans les sections d'Aïn Kiouti, d'Aïn Tella, des Beni Hamidan, d'Ouled Ouerzeguen, à Collo dans les sections de Demnia et de Kerkera, à Batna au village Nègre, à Sédrata, école principale avec écoles préparatoires dans les sections de Ras Aïn Snob, Tifech, Bir bou Haouch et Terraguelt, à Jemmapes, à La Calle, pour la section et la smala de Bou Hadjar, tout récemment enfin à Fedj-M'zala, dans la vaste commune des Bibans, à El Maïn, à Tefreg (douar Colla) et à Sidi Brahim, où vient de s'ouvrir une nouvelle station sur le chemin de fer d'Alger à Constantine, sans parler d'une école enfantine adjointe à l'école des Ouled-bou-Gaâ (1). Enfin la création

---

(1) La commission municipale de l'importante commune mixte des Bibans vient de voter la création de trois écoles préparatoires, à El Maïn, où réside déjà un instituteur français, à Tefreg (douar Colla) et

ou plutôt la réouverture d'une école enfantine indigène à Djidjelli a été votée : cette école rendra des services et sera certainement fréquentée, les indigènes de cette jolie petite ville, en partie Koulouglis, avec un type distinct et caractéristique, vivant en contact constant avec les Français.

Ainsi l'impulsion est donnée partout dans le département. Il ne faut pas l'enrayer. Si l'on s'arrête, on reculera vite : que de peine ensuite pour se remettre en marche! Les bonnes volontés sont vite découragées et la confiance détruite. Il est donc indispensable de faire bon accueil au vœu du conseil supérieur et d'augmenter graduellement d'année en année le crédit ouvert pour l'instruction des indigènes. Nous savons que la République a le devoir de pratiquer l'économie la plus sévère dans la gestion des deniers publics, de maintenir à tout prix l'équilibre du budget; mais il y a là une question vraiment nationale, il y a une dette contractée envers les populations inférieures que la France a soumises, et nous devons la payer. Enfin cet argent sera bien employé, bien placé, et il rapportera au pays de gros intérêts.

à Sidi-Brahim, village dont le nom a été à jamais illustré par la bravoure de nos soldats. Cette délibération prévoit pour un avenir prochain dans cette seule commune la création de dix-neuf ou vingt écoles préparatoires groupées autour de deux écoles principales. On y lit :

« L'enseignement primaire est actuellement donné aux indigènes de la commune mixte des Bibans dans trois écoles dirigées chacune par un instituteur français.

« Dans chacune de ces écoles les élèves montrent d'excellentes dispositions et, grâce au dévouement des instituteurs qui les dirigent, des résultats satisfaisants, qui ne feront que s'accroître par la suite, sont déjà obtenus.

« Ces résultats prouvent d'une manière évidente que les indigènes de la commune mixte des Bibans sont disposés à profiter des bénéfices du décret du 13 février 1883 et que l'application de ce décret peut être tentée d'une façon plus large dans cette commune qui compte une population scolaire dépassant 3,500 élèves. »

Aucun de ceux qui connaissent l'Algérie, la richesse de son sol immense, la culture arabe, à la paresseuse, à la grâce d'Allah, avec un épi, ici et là, étouffé au milieu des herbes folles et des chardons, comparée aux produits de la culture européenne, méthodique et raisonnée, telle que la pratiquent par exemple la société de Genève, les colons de la belle vallée du Sahel, où nous venons de voir d'immenses champs mûrs coupés par des moissonneuses mécaniques, et bien d'autres, pour ne point parler de tous nos viticulteurs de la région de Philippeville, de Jemmapes, dont, nous le désirons ardemment, les récentes alarmes seront vaines, de Milah, de Guelma, de Souk-Ahras, etc., etc., aucun de ceux-là n'y contredira; et les mines à exploiter, et l'industrie à créer, l'alfa à préparer et à tisser, le chêne-liège à exploiter et à travailler! L'Algérie n'est qu'à ses débuts et ses débuts sont brillants. Pour nous, ce n'est pas seulement la première, la plus importante des colonies françaises, celle qui nous a coûté le plus d'hommes, le plus d'argent à conquérir, le plus d'efforts à pacifier, à coloniser, comme c'est elle qui a rapporté le plus de gloire à nos armes. Elle doit être le prolongement de la France, comme le chemin de fer qui relie Philippeville à Constantine est le prolongement de la grande ligne de Paris à Marseille. Ce qui lui manque pour que sa production augmente, que sa richesse arrive peu à peu à tout son développement, ce ne sont pas seulement les colons avec les capitaux nécessaires, — les colons, malgré tous leurs efforts, ne pourraient pas seuls suffire à la tâche, — ce sont les bras, mais des bras au service d'une intelligence qui cesse d'être fermée, comprimée par le fanatisme musulman, qui s'ouvre peu à peu aux idées de progrès, de civilisation, par le contact avec les Européens, par l'échange des idées, rendu possible grâce à la propagation de la langue.

Ce résultat est désirable : qui oserait le nier ?

Peut-on l'atteindre ? Dans les villes, dans les communes rurales où les jeunes indigènes viennent s'asseoir sur les mêmes bancs que les petits Français, on le peut, cela est évident, et nous avons vu, même dans de toutes petites écoles, des jeunes enfants indigènes très intelligents, très éveillés, à la figure fine, aux yeux noirs et vifs, nullement effarouchés par la présence d'un étranger, ayant encore certains défauts de prononciation, qu'ils garderont longtemps, mais une belle écriture et une remarquable aptitude pour le calcul. Dans les communes où les Français sont rares, où il n'y en a pas du tout, où l'instituteur français n'a pour élèves que des indigènes, où l'école exclusivement indigène est confiée à un moniteur indigène, le succès est plus difficile, plus douteux.

XIII

BISKRA

Nous allons à Batna en chemin de fer: 119 kilomètres ne se font pas vite en Algérie; heureusement le pays est beau. En arrivant, même avant d'entrer à l'hôtel, nous retenons notre place à la voiture de Biskra. Souvent, en hiver, tout est pris d'avance. S'il nous faut attendre un jour, nous visiterons le village nègre : un marabout bienveillant nous fera les honneurs de sa mosquée, qu'il veut bien mettre à notre disposition pour y faire provisoirement une école et y apprendre le français aux petits nègres, nés un peu au hasard et qui grouillent au soleil ; et après, un peu dégrossis, ils iraient à l'école communale, en ville, à 2 kilomètres environ. Il nous fera, bougie en main, monter au haut du minaret, d'où nous découvrirons tout le pays, les montagnes, où nos turcos vont parfois faire de grandes promenades militaires, les épaisses forêts de l'Aurès que hantent de nombreuses panthères. Nous ne manquerons pas d'aller voir Lambèse, dont l'école, bien dirigée, est fréquentée par un assez grand nombre d'indigènes, faisant de la gymnastique, chantant avec les camarades, pour que nous y ayons créé un emploi de moniteur indigène; nous admirerons les ruines superbes de la grande ville romaine, ses statues mutilées, son prætorium, son temple d'Esculape, ses thermes, tant de fois visités par feu Rénier et par tant d'autres archéologues. Cette visite nous semblera courte : nous emporterons, précieuses reliques, quelque médaille, quelque petite monnaie de bronze, ou même, comme je ne sais quel inspecteur général, une simple brique plate. Croyez-moi, ici, quoi qu'on dise, le passé vaut mieux que le présent. Faites revivre un instant par la pensée ceux qui furent les maîtres du monde et qui nous ont précédés sur la terre d'Afrique et passez vite le long de l'interminable enceinte de la maison centrale, où furent enfermés sans doute Pauline Roland, immortalisée par le poète, et tant d'autres proscrits de décembre, dont plusieurs sont devenus les plus intelligents et les plus respectés des colons. Ainsi M. Lelièvre, un Lorrain, dont mon père fut l'ami, et qui porte légèrement le poids de ses années, aime à dire : « Je suis venu en Algérie forçat, et j'en suis revenu sénateur. »

Roumis, nous sommes les héritiers des Romains. On conte qu'un vieillard arabe le reconnut un jour en voyant un des nôtres lire et comprendre une vieille inscription latine gravée sur quelque ruine. M. Boissière fait remarquer dans son « Esquisse d'une histoire de la conquête et de l'administration romaines dans le nord de l'Afrique » qu'Auguste voulait faire de la province d'Afrique une seconde Italie et que « sous Trajan, la loi qui punissait de l'exil un citoyen romain et qui l'excluait du territoire de l'Italie lui interdisait le séjour des provinces africaines, où il eût retrouvé, disait-elle, les mœurs, les habitudes, le *langage* de Rome, toutes les jouissances, tous les agréments et le bonheur de la patrie » (Tacite, *Ann.*, II, 50. — Pline le Jeune, II, xi, 19). Il est temps que, suivant l'exemple de nos devanciers, nous fassions tout à fait de l'Algérie une nouvelle France. Nous n'aurons garde de discuter la grande question des rattachements et nous reconnaîtrons volontiers que l'instruction publique ne peut pas, ne doit pas être administrée ici tout à fait comme en France, et de fait elle ne l'est pas. Pour ne citer qu'une différence capitale qui a donné lieu à de vives discussions, comme il arrive chaque fois que les intérêts politiques sont en jeu, les instituteurs continuent d'être nommés non par les préfets, mais par le recteur, qui a également toutes les attributions des préfets en matière d'enseignement primaire libre. Mais nous nous déclarons partisan convaincu et osbtiné de l'assimilation progressive des indigènes. Cette assimilation a été faite d'un seul coup pour les Israélites et plusieurs le regrettent : que toutes les commissions scolaires municipales suivent l'exemple de Constantine, présidée par son maire si dévoué, l'honorable M. Mercier, tous les Israélites indigènes, garçons ou filles, de six à treize ans, viendront à l'école, comme ils y sont astreints, ils dépouilleront peu à peu une partie de leurs préjugés, comme ils font déjà de leur costume, au grand regret des peintres, amis du pittoresque, et après avoir servi sous les drapeaux, ils deviendront de plus en plus dignes de garder leur rang parmi les citoyens français. Si le plus déterminé des arabophiles, puisqu'il y a des hommes pour lesquels on a composé ce mot, comme une bizarre injure, arrivait au pouvoir, on ne le verrait pas, Crémieux des musulmans, leur décerner un titre, des droits et des charges qu'ils seraient aujourd'hui les premiers à refuser, si on leur demandait leur avis. Certes, il ne s'agit pas de cela ; mais il est bon de le dire. Il faut seulement que les deux races, les vainqueurs et les vaincus, se rapprochent, se connaissent mieux pour le bien, pour le développement de l'Algérie. Ce n'est pas nous qui devons apprendre l'arabe, en dehors des quelques interprètes qui nous feront encore longtemps besoin, et des savants qui ne cesseront d'étudier la littérature si riche des Arabes : il faut que les Arabes, les Koulouglis et les Maures, les Kabaïles, aussi bien que les Nègres, les Biskris, les Mozabites (les Mozabites qui viennent, seuls, en garçons, laissant femmes et enfants au pays, comme nos anciens Auvergnats et Limousins, les Mozabites si intelligents, si avisés, si austères, qui ont en partie entre les mains le commerce du sud, qui drainent ici les douros qu'ils remportent dans leur pays désormais soumis), il faut que, comme les juifs, tous apprennent et parlent le français.

Cependant les bagages sont chargés sur la lourde diligence recouverte d'une bâche. La neige enveloppe la montagne. N'importe, montons sur l'impériale : nous respirerons l'air frais du matin, ne fût-ce que quelques instants. Il est neuf heures. Roule l'énorme voiture jaune, semblable à celle qu'a si bien décrite Daudet, dans son livre lu et relu par tous les Algériens, et où l'illustre Tartarin de Tarascon fit, comme vous savez, la connaissance de Bombonel, le tueur de chats. La route est bonne. Le soleil commence à chauffer. Néanmoins partout, tout le long, à droite, on travaille ferme : on construit le chemin de fer, qui sera bientôt ouvert jusqu'ici, à Aïn Touta, village un peu abandonné, où par suite l'école se vide, et où nous allons déjeuner. Plus nous avançons, plus le soleil est chaud, la terre se dessèche, se ravine, se creuse en énormes crevasses. La ligne se construit avec une grande activité. Quand elle ira jusqu'à Biskra, on dit que le patron de la diligence reportera son service de Biskra à Tuggurt et ainsi se poursuivra l'œuvre de la pénétration. Nous avons laissé derrière nous la froidure, la neige et l'hiver. Le soleil devient presque brûlant. Un parfum très fort nous arrive par bouffées. Vers trois heures nous entrons dans El Kantara. C'est d'abord un village français, où fourmillent les ouvriers italiens et calabrais, venus pour les travaux de terrassement. Nous sommes à la fin de février et nous trouvons le printemps dans toute sa splendeur. L'odeur, qui nous embaumait, est celle des acacias en fleurs. De grands saules pleureurs laissent pendre leur feuillage tout éblouissant de renouveau et de grâce. Les clématites charment nos yeux. C'est comme un rêve, un éblouissement. Nous nous arrêterons ici en revenant.

Des enfants européens errent en foule et gambadent par les rues. Il n'y a pas d'école pour eux. Ils sont là, campés pour quelques mois. Eux aussi ils sont nomades, et voilà comment grandissent les illettrés. Pour maintenir l'ordre, il a fallu installer une brigade volante de gendarmes et de spahis.

Voici le pont qui donne son nom au village. Voici, là, sur la rive droite, un reste de la séguia construite par les Romains. La montagne rocheuse a été comme tranchée d'un coup d'épée énorme. Derrière s'étend le ciel d'azur d'une pureté infinie. Nous pa⸺ ⸺out de suite voilà l'oasis, les palmiers avec les petits murs de terre qui les entourent, les tourelles où se hissent les guetteurs, chargés de protéger, la nuit, les dattes mûrissantes contre les mains et les becs des voleurs.

Plus loin, le cimetière arabe ; on dirait d'un champ de pierres alignées, comme en Bretagne, n'étaient le soleil qui les éclaire d'une éblouissante blancheur et quelques petits dômes de terre abritant des marabouts. En revenant, nous verrons l'école indigène, située au milieu du dédale des petites rues du village arabe. Le jeune moniteur nous montrera dans la cour, où il vient d'être trouvé, un tronc de statue romaine, une matrone, une déesse, à en juger d'après les plis gracieux de sa robe. Il nous mènera chez un juif français, établi depuis peu au milieu des Arabes, auxquels il vend de l'épicerie et des liqueurs fortes : il a récemment trouvé, en creusant la fondation d'une petite construction, quatre beaux vases en terre, souvenirs des Romains, qui ont laissé ici bien des marques de leur séjour. Malheureusement les deux plus gros ont été écornés par la pioche. Deux sont intacts. Ils ont bien la forme connue et pure. L'un est élégant, l'autre massif, avec son lourd couvercle. La juive a mis dans ces vases, trouvés remplis de cendres, ô profanation, du safran et je ne sais plus quel autre condiment. Je les achète, je m'en empare, je les rapporterai, précieux, douillettement enveloppés dans ma couverture de voyage.

Plus de route, une piste où, l'hiver, quand il pleut, les roues de la lourde voiture enfoncent jusqu'aux moyeux. Alors tout le monde descend, et pas de buffet : on pousse à la roue, au besoin. Après la charmante station, où habite le conseiller général de la région, M. le commandant Rose, si joliment nommée la Fontaine des Gazelles, nous rencontrons une nouvelle oasis, avec un gros village, El Outaya, qui va devenir bientôt, assure-t-on, le siège d'une commune mixte. Et aussitôt nous fonderons une école et elle sera remplie, suivant l'assurance que m'en a donnée le plus gros propriétaire du pays, M. le capitaine ben Dris, ancien agha de Tuggurt, où il a tant contribué à la fondation de l'école, que nous avons rencontré plus loin, au milieu du désert, assis près d'une aïn, sous un bouquet de palmiers, enveloppé dans sa robe de chambre et faisant la sieste, après déjeuner.

El Outaya est le dernier relais. Allons, cocher, pousse tes chevaux, que nous arrivions avant la nuit. Nous allons découvrir d'en haut, tout à l'heure, avant la descente, qui sera rapide et longue, un panorama magnifique, Biskra, la Reine du désert, au milieu de son grand nid de palmiers et, là-bas, dans le fond, à l'infini, au delà de l'Oued argenté, le désert immense, qui se perd et se confond dans le bleu du ciel, comme la mer.

Il est tard. Nous avons soupé en route. Retenons une chambre à l'hôtel du Sahara, tenu par un galant homme, ancien officier. Nous serons bien reçus et il n'y a pas d'autre gîte. Il faut nous déraidir les jambes, aller prendre une tasse de café maure, dans cette rue pleine de chants et de lanternes brillant aux portes, aux fenêtres. Tout le monde va voir danser les Ouled-Naïl, ces honnêtes filles, qui viennent ici s'amasser une dot par tous les moyens dont elles disposent. Quelques-unes sont réellement belles. Les danses que j'ai vues sont langoureuses et monotones, en dépit des mouvements de hanches extraordinaires dont certaines les accompagnent. Il paraît qu'il en est de plus entraînantes. Comment ensuite ne pas respirer un peu l'air tiède du soir dans ce beau jardin public déjà si luxuriant de verdure? Il y a, à Biskra, trois squares qu'on ne se lasse pas d'admirer surtout au mois de février, quand ils viennent de revêtir leur parure toute neuve.

Demain dès huit heures, nous irons visiter les écoles. L'école des garçons fut fondée en 1855, par M. le général Desvaux, qui commandait alors la subdivision de Batna, qui eut ensuite le commandement de la province, et par M. le chef de bataillon Séroca, commandant supérieur du cercle. Elle s'ouvrit six mois après, en mars

1856. Biskra, que visitent aujourd'hui tous les touristes, était alors au bout du monde : ceux qui y allaient écrivaient leur testament. Où trouver un instituteur ? On prit un sous-officier qui venait d'être libéré, qui n'avait pas de brevet, mais qui était honnête, dévoué au devoir. Le général se connaissait en hommes : il avait mis la main sur un véritable instituteur, M. Colombo, qui prit plus tard son brevet, tenant à posséder le titre exigé de ses collègues. Aujourd'hui en retraite, officier d'Académie, chevalier de la Légion d'honneur, membre du conseil municipal, son nom est vénéré comme celui d'un grand taleb. Il a rendu mille services à ceux de ses élèves qui répondaient à ses soins, et même à tous les Arabes indistinctement. Il est connu et respecté dans tous les environs. Si presque tous les hommes faits, les jeunes gens de Biskra, parlent ou au moins comprennent le français, si Biskra est une ville où les Français se sentent chez eux, malgré son caractère original, c'est en partie à M. Colombo que nous le devons.

M. Colombo était aidé d'un indigène sachant un peu de français. L'école fut fréquentée au début par une quarantaine d'élèves, presque tous des hommes faits, qui aspiraient aux emplois de chaouch, cavalier du bureau arabe, cheik. Parmi eux était celui qui a fait le plus d'honneur à l'école de Biskra, un petit garçon intelligent et travailleur, aujourd'hui M. Belkassem ben Sedira, professeur de langue et littérature arabe à l'École des Lettres, assesseur à la Cour d'appel d'Alger.

Les parents firent d'abord, comme toujours, des difficultés pour envoyer leurs jeunes enfants en classe. On disait, on répétait que, dès qu'ils sauraient le français, on les emmènerait en France et qu'ils ne reviendraient plus jamais. Aussi les premiers enfants qui furent envoyés étaient-ils presque tous atteints d'une infirmité quelconque. C'était une Cour des miracles plutôt qu'une école. M. Colombo sut inspirer la confiance. Il vint à bout de dissiper toutes ces craintes et, en 1860, l'école comptait déjà une soixantaine d'enfants. Ce nombre est allé sans cesse en augmentant. Et quand M. Colombo prit sa retraite en 1882, 80 élèves environ fréquentaient son école. L'année suivante un élève français obtint le certificat d'études.

Un jeune instituteur adjoint de Batna, originaire, comme le maire actuel, M. Cazenave, des Pyrénées, occupe aujourd'hui dignement la place de M. Colombo.

Grâce au zèle de M. Doux, soutenu par la municipalité, le local est devenu trop petit. Il a fallu l'agrandir. La commune a fait aménager une troisième classe et nous avons créé un second emploi de moniteur. (Voir ci-contre le plan dressé par un élève indigène.) Lors de ma dernière visite, il y avait 116 élèves : 22 dans la première, 30 dans la deuxième et 64 dans la troisième classe. Parmi eux, 29 Européens : aussi peut-on sans peine se faire comprendre de tous les indigènes, même des plus jeunes, qui sont journellement en contact avec eux.

L'école de Biskra vaut tout autant, sinon mieux, que bien des écoles uniquement fréquentées par des Européens. Dans la troisième classe, qui compte 64 élèves inscrits, il y a naturellement deux divisions. Les plus jeunes lisent tous au tableau de lecture et savent compter. Les plus avancés lisent dans un livre et font l'addition. Tous sont assez éveillés et plusieurs, même des plus jeunes, m'ont récité de petits morceaux, sans excepter deux pauvres enfants indigènes, aveugles et orphelins, qui m'ont dit avec empressement et sans aucune hésitation des fables de La Fontaine, de la géographie et la table de multiplication. L'un d'eux surtout est intelligent et doué d'une heureuse mémoire, que rien ne vient distraire. Ils sont venus à l'école pour apprendre le français, afin de pouvoir plus facilement toucher la pitié des touristes. Ils ne peuvent guère, hélas! subvenir autrement aux besoins restreints de leur triste existence.

La deuxième classe, dirigée comme la troisième par un moniteur indigène, marche bien, avec ensemble. Sur 30 élèves inscrits 25 étaient présents. Tous lisent convenablement et répondent assez bien aux différentes questions qu'on leur fait. L'écriture est bonne, surtout chez les indigènes. On récite convenablement. On commence à faire de petites dictées, un peu de calcul mental : c'est un excellent exercice, dont on n'use pas assez, et qui permet de voir si les intelligences sont déjà éveillées et promptes. Un enfant surtout se distingue, c'est un petit israélite. On sait de la géographie et même un peu d'histoire.

La première classe, dirigée par l'instituteur lui-même, compte 22 élèves. Ils sont tous présents. Toutes les parties du programme sont enseignées et bien enseignées, sauf le travail manuel et le chant. On trouve rarement tout réuni. Plusieurs élèves, français et indigènes, me récitent, et fort bien, des vers ou des morceaux de prose bien choisis. Ils comprennent, ils sentent ce qu'ils disent. La manière dont ils récitent le prouve, leurs réponses aux quelques questions qui leur sont posées achèvent la démonstration. J'envoie plusieurs élèves au tableau. Je fais écrire une phrase assez longue, j'ai peu de fautes à corriger, je fais des questions sur la grammaire, l'analyse, la formation des mots et je suis étonné d'obtenir certaines réponses que je n'osais pas attendre. Les cahiers sont bien tenus. On sait de l'histoire, de la

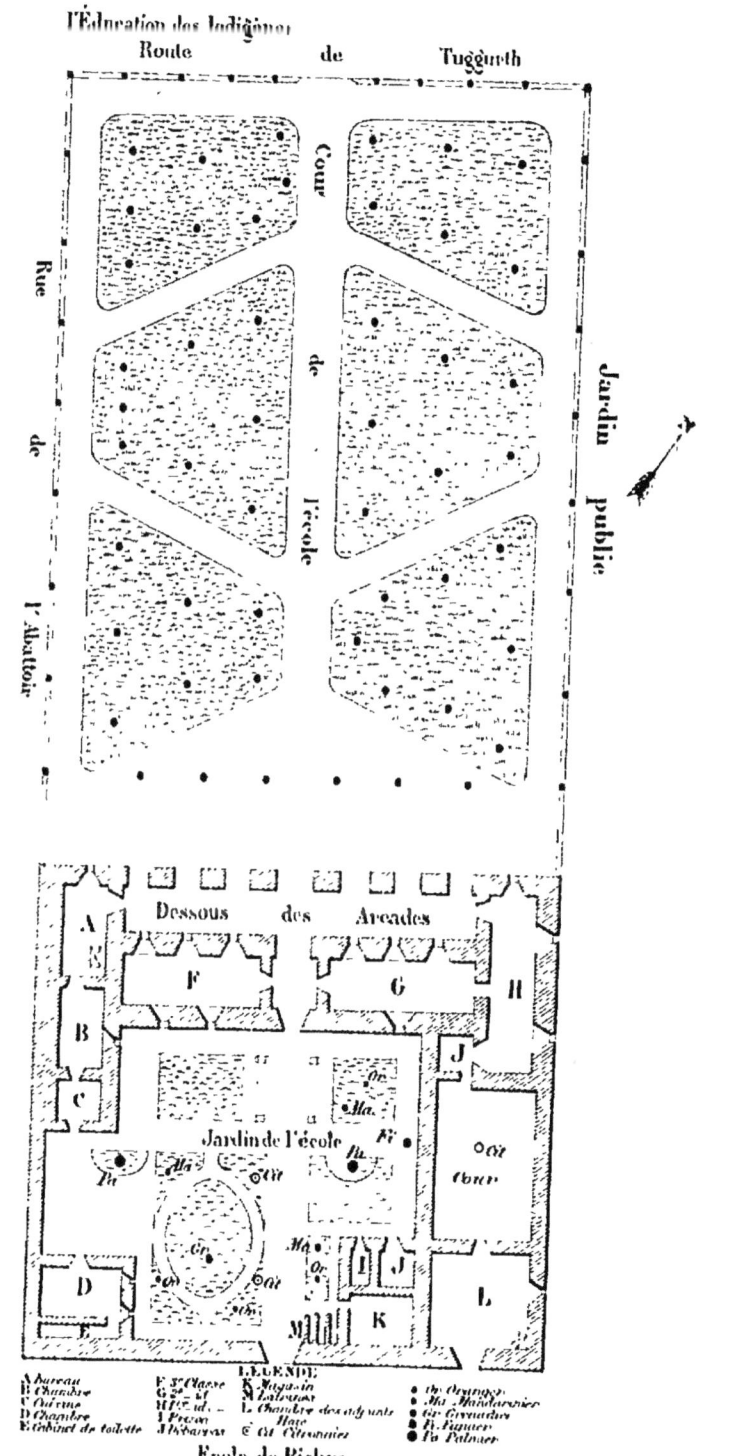

École de Biskra

géographie, un peu de physique, d'histoire naturelle élémentaires.

Deux indigènes ont été reçus au certificat d'études en 1885. Cette année, après ma visite, un élève de l'école, précédemment à Sidi Okba, où je l'avais remarqué, est entré au cours normal, quatre indigènes ont obtenu le certificat d'études spécial aux indigènes et deux autres le certificat d'études français.

Voilà ce que peut faire un maître français, jeune et actif, aidé de deux moniteurs indigènes dévoués, dans une école où sont mêlés Européens et indigènes.

Passons aux écoles dirigées par des moniteurs indigènes seuls et fréquentées exclusivement par des indigènes.

Mais avant, pour être complet et juste, nous devons dire qu'il y a à Biskra une école de filles bien installée et bien dirigée par des sœurs de Saint-Vincent de Paul. Elle a été fondée en 1868. On y a annexé une école enfantine, que fréquentent trois ou quatre petits indigènes. La supérieure est une femme respectable et respectée, qui est là depuis l'origine ou à peu près ; elle est si bien acclimatée que l'hiver, les jours de pluie, elle souffre et doit se tenir près du feu. La première institutrice que j'ai vue là y a perdu la voix. Elle a été remplacée depuis un an par une autre sœur venant directement de Paris et qui dirige sa classe avec beaucoup d'intelligence et de dévouement ; mais elle n'a que des élèves françaises.

XIV

VIEUX-BISKRA, EL-KANTARA ET SIDI-OKBA

Les écoles de Vieux-Biskra, El-Kantara et Sidi-Okba ont été fondées à la suite du voyage en Algérie de M. Buisson, directeur de l'Enseignement primaire. Elles ont été provisoirement installées dans des maisons indigènes suffisamment vastes, bien placées et louées très largement, au prix de 600 francs chacune. Elles se ressemblent toutes trois, à quelques différences près.

Une allée sombre, ou une autre pièce, conduit à la salle principale de la maison transformée en salle de classe.

Quatre troncs de palmiers coupés soutiennent l'édifice. De ces colonnes naturelles aux murs en terre, sur les quatre côtés, un espace assez étroit couvert également en terre ; pas de fenêtres, au centre un carré avec le ciel pour abri et les feuilles des palmiers voisins qui arrêtent un peu les rayons du soleil. Quelques tables grossièrement faites avec des palmiers coupés en deux et posés sur des supports en terre, devant un tableau noir. Quelques petits bancs pour les plus jeunes enfants disposés devant un grand tableau de lecture Néel. A El-Kantara, c'est plus original : on voit dans un coin une petite terrasse sur laquelle monte le moniteur, le nomenclateur, avec son petit tableau et sa baguette, autour, en demi-cercle, ou à peu près, un banc également en terre battue avec un petit fossé bien sec où pendent les petites jambettes des bambins. Une table et une petite armoire pour le maître, et c'est tout. A Vieux-Biskra il y avait en outre dans un coin une sorte de lucarne donnant sur un petit cabinet avec une petite estrade placée devant. De temps en temps, après une demande par signe, les jeunes indigènes allaient là cracher et se moucher discrètement ; politesse primitive, comme tout le reste. De plus M. Colombo a fait faire un certain nombre de petits cartables en bois léger, semblables à ceux que portaient, il y a trente ou quarante ans, les élèves des frères de la doctrine chrétienne. A l'intérieur, on met les livres et les cahiers : c'est de plus un petit pupitre portatif, sur lequel l'élève peut faire ses petits devoirs, assis ou couché sur une natte, à l'école et chez lui, où il ne trouverait pas de table.

La municipalité de Biskra vient d'acheter un ancien bain maure, on ne peut mieux situé à l'ombre de vieux palmiers, près d'une seguia d'eau vive. Les écoliers sont bien installés dans une salle toute fraîche, aux murs, à la voûte solides. Tous ont des tables ; pas de luxe, mais un confortable qu'ils ne connaissent pas chez eux. L'autorité militaire va faire construire de nouvelles écoles, suivant le plan adopté, à Sidi-Okba et à El-Kantara. Le pittoresque disparaîtra ; mais maîtres et élèves ne le regretteront pas.

Dans chacune de ces écoles il y a un petit nombre d'élèves, de cinq à huit, qui sont assez avancés et commencent à se dégrossir. Ils écrivent à la dictée ; ils savent les trois premières règles du calcul ; ils vous comprennent et vous répondent. Tous les autres savent ou commencent à savoir compter, un peu calculer et lire, mais mécaniquement. Ils ne comprennent guère ce qu'ils disent, et l'on entre difficilement en rapport avec eux. Ils n'en sont qu'au début de l'initiation. Les maîtres se croient encore trop souvent obligés d'avoir recours au mot arabe pour se faire comprendre, ce qui ralentit les progrès.

Mais les étrangers à l'enseignement sont moins exigeants que nous. L'an dernier, j'ai prié M. le docteur Badour, médecin principal, directeur du service de santé de la province, en voyage avec un de mes amis et compatriotes, M. le pharmacien-major Mather, de visiter l'école de Sidi-Okba. Ils entrent. L'uniforme militaire a naturellement conservé tout son prestige aux yeux des indigènes. Tous les élèves se lèvent : « Que Dieu te garde! » disent-ils. Le docteur examine, interroge et s'en va étonné, enthousiasmé, si bien que, de retour à Constantine, il envoie à l'instituteur deux beaux volumes en souvenir.

C'est qu'à côté de l'école se trouvent la mosquée et la fameuse zaouïa où l'on n'apprend plus, pour ainsi dire, rien en dehors de la lecture du Coran, et qu'en partant le voyageur est reconduit bien loin du village, presque jusqu'à l'Oued, par une troupe de petits sauvages, criant, gambadant, poussant des ha! ha! se bousculant, relevant les gandouras jusqu'aux aisselles pour être moins gênés, le tout pour « un sordi! un sordi! » Toute cette marmaille grouillante, sale, à qui la pudeur est inconnue, et qui ferait tout pour un sou, ne va pas à l'école arabe-française.

La mortalité, chez les enfants surtout, est effrayante. A Sidi-Okba, il en est mort un grand nombre l'an dernier ; si cela continue, par suite de l'impuissance, des vices ou des épidémies, dans un temps relativement court, les Arabes iront diminuant et disparaîtront peu à peu. Un homme, un enfant est-il malade, il n'arrive jamais qu'on aille chercher un médecin. Un marabout, un sorcier suspend au-dessus de la tête du malheureux quelques amulettes pour chasser les mauvais esprits, on marmotte quelques prières, et le malade guérit, s'il doit guérir, à moins qu'il ne meure, comme il arrive le plus souvent, créant parfois autour de lui un foyer de contagion. Ce n'est qu'en cas d'épidémie que l'autorité intervient. On s'occupe maintenant de l'état civil des indigènes, et un peu aussi, pas assez, de l'hygiène de leurs habitations. Il faudra bien se mettre résolument à l'œuvre, si ce n'est, comme nous le voudrions, par humanité, du moins par mesure de précaution et dans l'intérêt de la santé publique.

Il y a dans les centres populeux des médecins de colonisation. Ils devraient avoir pour auxiliaires naturels, dans les villages et sections, les instituteurs et les moniteurs mêmes, auxquels on pourrait confier une petite pharmacie rudimentaire avec des instructions précises et détaillées, et un contrôle bien organisé. Il faut le faire pour les indigènes qui sont des hommes, il faut le faire pour nous-mêmes et pour l'avenir de notre colonie, où les bras font défaut.

XV

TUGGURT

Nous devons aller jusqu'au bout et tout visiter.

Nous nous procurons une lettre de M. le commandant supérieur Lebourg, laquelle sera pour nous, au besoin, un talisman, trois mulets conduits par un brave homme, frère du garçon de M. Colombo, des provisions de bouche, du pain, quelques conserves en boîtes, du café, du vin et de l'eau, qu'il serait dangereux d'oublier, deux lits de camp en bois et toile si légers qu'on les porterait sous le bras, prêtés par mon ami et compatriote M. René Basset, l'intrépide voyageur, le savant professeur d'arabe, de berbère et autres langues de l'École des Lettres, et enfin un guide sûr. C'est un grand et fidèle Arabe, Abd el Kader ben Mrad, décoré de la médaille militaire et de l'ordre de Tunis, ancien guide de la première mission de l'infortuné colonel Flatters, actuellement déïra du bureau arabe de l'Oued Souf. Nous ne faisons pas notre testament et nous partons, pleins de confiance, M. Suquet, inspecteur primaire de Constantine, et moi. Mon inexpérience complète de la cavalerie seule m'inquiétait et ce n'était pas sans raison : ma mule, nullement dressée, ne sachant ni l'amble ni le pas, trottait sans cesse. Aussi m'a-t-elle fort secoué et fatigué. Certes, nous n'avons pas fait un voyage d'agrément, mais une rude tournée d'inspection, telle que nos collègues de France n'en connaissent point.

D'ailleurs, nos prédécesseurs, MM. Coti et Cat, nous avaient montré la route. Le premier jour de marche a été le plus pénible. Peu à peu on est aguerri, entraîné. Le retour s'est même effectué assez aisément.

En revenant nous avons rencontré dans les Chotts deux généraux, faisant le même voyage que nous, mais avec une voiture et des relais disposés tout le long de leur route. Pour nous, nous avons mis les quatre jours nécessaires aux mulets, couchant au bordj de Chegga, à Ourir, au milieu de la belle oasis créée par la compagnie de Batna, et près d'Ourlana dans un autre bordj de la même société. A Ourir, nous avons eu la bonne fortune de rencontrer le savant ingénieur M. Jus, un ami de l'instruction, un partisan convaincu de la propagation de la langue et de la civilisation françaises chez les indigènes, qui l'aiment et le respectent comme un bienfaiteur, lui, qui fait jaillir l'eau, la richesse et la vie des profondeurs de la terre.

Nous avons vu à l'œuvre une section de puisatiers, des soldats du bataillon d'Afrique commandés par un sous-lieutenant et dirigés par M. Jus. Ils venaient de forer un puits nouveau et en réparaient un ancien. Là nous avons été réconfortés par un bon et cordial accueil de compatriotes, tout heureux de serrer la main à des Français, par une bonne soupe (vous ne sauriez croire combien la soupe est bonne à ceux qui mangent seulement, depuis deux ou trois jours, du bœuf de Chicago conservé en boîtes de fer-blanc!), de la viande fraîche et des pommes de terre! Le soir, après le café, en notre honneur, M. Jus a donné un grand concert avec bal. A côté du bordj s'élèvent le tombeau d'un marabout vénéré que les fidèles entretiennent de lumières et d'aliments et une douzaine de petites maisons habitées par les Krammès.

A la nuit tombante, autour d'un feu, — les nuits sont fraîches, en février, dans le désert, — la famille est accroupie, mangeant, chantant et travaillant la laine. Un tambourin se fait entendre avec une flûte arabe; toute une nuée d'enfants, petits et grands, filles et garçons, en gandouras, en haillons, accourent de toutes parts; ils se mettent à sauter, les bras en l'air, chantant, dansant, si l'on peut appeler une danse des bonds rythmés, dans le sable, à la clarté de la lune, devant la grande ligne sombre des palmiers. Le souffleur de flûte n'en peut plus, les bras des tambourineurs se lassent de faire résonner la peau tendue de leurs énormes tambours de basque, semblables à des tamis sans trous : encore! toujours! Une petite fille est en frénésie; elle saute jusqu'à ce qu'elle tombe, raide, sans mouvement. Son père la soulève et l'emporte. Maintenant ce sont des chants plus graves et monotones, comme une prière. Et pourtant les enfants se remettent à danser. La petite fille est revenue : elle les a tous de nouveau mis en branle. Nous nous tenons à distance, par précaution, ne voulant emporter de cette scène curieuse que le souvenir.

Le désert n'est pas d'abord ce qu'on pense. Ce sont, pendant longtemps, d'énormes touffes de plantes rudes, où pâturent de nombreux troupeaux. Partout des alouettes huppées; près du bordj, de rares puits ou sources, où l'on s'arrête, des petits chasseurs d'Afrique, effrontés, qui viendraient vous manger dans la main. On rencontre de longues caravanes conduites par quelques Arabes au teint noir, dont quelques-uns portent en bandoulière de vieux fusils immatriculés, le chien entouré d'un linge, et, parfois, un Arabe chassant avec un lévrier.

Au poste de Kef el-Dor, près du grand chott Melrir, nous avons reçu le meilleur et le plus fraternel accueil des six ou sept soldats français, employés là, toutes les nuits de l'année, à la télégraphie optique. La grande oasis de Mraïer est magnifique, toute fraîche et verdoyante : sa population nombreuse est très douce. Nous avons salué en passant les tombes de deux Français, dont l'une recouvre le jeune frère de l'instituteur de Tuggurt, venu pour servir la compagnie, et qui n'a pu supporter le climat. Plus loin les oasis d'Ourlana et de Tamerna réussissent également.

Mais, à partir de là, le paysage change. Nous nous enfonçons dans le désert. Il n'y a plus de végétation, partout du sable, des dunes énormes, à droite et à gauche, devant, en arrière ; la piste, à peine tracée, s'efface au moindre vent ; les collines de sable sont toutes sillonnées et légèrement ondulées suivant le souffle du vent, comme les chevelures des dames romaines. Sidi-Rached semble perdu, abandonné. Certains palmiers sont ensablés jusqu'au bas des feuilles. Le bordj est désert. C'est la mort. Plus loin une oasis prospère encore, G'hamra, et, sur une autre route, Moggar, que nous verrons en revenant. Il est évident qu'il faudrait créer des écoles à Mraïer, à Ourlana et à Moggar, qu'elles réussiraient et qu'ainsi l'école de Tuggurt ne serait plus principale seulement de nom.

De distance en distance de petites pyramides tronquées marquent la route. Le quatrième jour, vers cinq heures du soir, notre déira pique des deux ; arrivé sur un grand monticule de sable, il s'arrête, se campe sur son grand cheval blanc, le burnous noir relevé, laissant voir les grandes flammes de drap rouge qui en ornent la doublure : il est superbe. Nous poussons nos montures. C'est Tuggurt, dont les maisons grises, en terre, à terrasses, n'arrivent pas jusqu'à la hauteur de la dune de sable envahissante.

Il y a là un fossé sans eau, une défense et aussi un danger naturels. La seconde maison à gauche est bien construite; elle a une apparence monumentale ; elle est encore ornée de branches de palmiers restées là depuis la dernière distribution des prix : c'est l'école. Nous sommes au terme du voyage, et, à défaut d'hôtel, nous devons accepter, par exception et par force, pour la première fois, l'hospitalité chez celui que nous venons inspecter et qui est tout heureux de nous recevoir.

Après une toilette sommaire, nous allons faire le tour de la ville et rendre visite à M. l'agha, Si Smaïl, vieux serviteur de la France, commandeur de la Légion d'honneur. Nous le rencontrons en route : il avait déjà appris par notre cavalier notre arrivée, il venait nous souhaiter la bienvenue et nous inviter à dîner. C'est un vieillard plein de dignité, allié à l'une des plus anciennes familles du pays. Il donne lui-même le bon exemple, et envoie ses deux jeunes fils, qui sont intelligents et studieux, à l'école, qu'il protège de tout son pouvoir. Au milieu de la ville, il y a une ancienne place où se tient le marché bien pauvrement approvisionné, on peut le croire; d'un côté quelques boutiques; deux ou trois cafés maures ; de l'autre, la casbah avec ses hauts murs, au milieu de laquelle est la maison de l'agha, le télégraphe optique avec sa tour carrée, qui menace ruine, et c'est tout. Nous avons été surpris et heureux de voir flotter des drapeaux à quelques maisons : leurs trois couleurs ne nous ont jamais paru plus belles, plus riantes, surtout quand nous avons appris que ces drapeaux avaient été arborés en notre honneur, pour saluer, comme des frères, les Français qui venaient d'arriver.

Il y a pour toute garnison à Tuggurt quelques spahis, vingt-cinq à trente turcos, tous du sud, commandés par un lieutenant indigène, à qui nous avons serré la main. Les seuls Français qui y vivent sont le médecin militaire souvent renouvelé, l'employé de la compagnie des palmiers de l'Oued-Rir, dont le fils est encore trop jeune pour fréquenter l'école, et l'instituteur, M. Lagleyze, ancien adjoint de Guelma, originaire lui aussi des Pyrénées, qui est parfaitement acclimaté, grâce au régime qu'il s'impose, et dont les vacances durent du 20 mai au 1ᵉʳ novembre. C'est une nécessité. Nous l'avons revu dernièrement, à son passage à Constantine, très bien portant : il avait traversé le désert la nuit, comme on fait en cette saison. Pour nous, nous n'avons réellement souffert du chaud qu'un seul jour, de 2 à 4 heures de l'après-midi. Mais nous n'avons pas laissé alors de craindre une insolation. Chaque jour nous avons admiré le lever et surtout le coucher du soleil. Quant au mirage tant vanté, nous ne l'avons vu qu'une fois, en traversant un chott, dont le fond nous apparaissait comme un beau lac bordé d'arbres qui se reflétaient dans les eaux.

L'école le Tuggurt fut créée par le capitaine Ben Dris, alors agha, ancien élève de M. Colombo de Biskra, qui avait pu apprécier les bienfaits de l'instruction et de l'éducation françaises. Elle fut ouverte le 8 janvier 1879 et dirigée au début par M. Abdelagh. Elle réunit d'abord une quarantaine d'élèves. M. Lagleyze, l'instituteur actuel, est à sa tête depuis 1882-83. Il vient d'achever sa quatrième année. Son école est pleine et nous y avons trouvé 59 élèves répartis en quatre cours, malheureusement dans une seule salle. Si l'on faisait une nouvelle salle, ou tout au moins un préau couvert, qui devrait être abrité et garni en avant de feuilles de palmiers, on pourrait recevoir presque le double d'élèves et ils viendraient certainement. L'école a été érigée en école principale par décision du gouverneur général en date du 16 décembre 1884, et M. Lagleyze jouit de tous les avantages prévus par le décret du 13 février 1883. Il a pour ordonnance un turco. Il reçoit des prestations en nature de pain, viande, vin, café, etc., sans lesquelles il ne pourrait pas s'approvisionner. On lui fournit un jardin de palmiers.

Il en a acheté un autre, et nous verrons tout à l'heure quel parti il sait en tirer.

Nous avons fait passer, M. l'Inspecteur primaire et moi, dans la forme réglementaire, l'examen du certificat d'études spécial aux indigènes aux trois élèves les plus avancés : deux d'entre eux ont été reçus et sans indulgence. Le plus intelligent, le plus instruit, Abdel-Kader, fils d'un déira de l'agha, qui est venu nous marquer toute sa reconnaissance, déjà délégué comme moniteur, a été nommé définitivement, ce qui a produit sur tous les élèves la meilleure impression. Dès lors tous ont salué leur camarade avec respect : ils l'appellent Monsieur Abdel-Kader et aspirent à suivre son exemple. Ils viennent à l'école plus régulièrement et s'y appliquent davantage. L'autre, Djelloul, moins éveillé, orphelin, nous l'avons fait venir au cours normal de Constantine, où il va apprendre beaucoup au contact des autres élèves-maîtres, et nous pourrons ensuite l'employer utilement dans le sud.

Nous avons fait une inspection longue et sérieuse de l'école. Les plus jeunes savent lire, mais très bien, aux tableaux de Néel, mieux que bien des enfants français du même âge. Ils prononcent et articulent très nettement ; mais ils ne comprennent pas ce qu'ils disent. Ils ne possèdent que le mécanisme de la lecture. Ils savent compter.

La seconde division a en main les livres de lecture de M. Scheer, inspecteur spécial des écoles indigènes ; la troisième des livres analogues à ceux qu'on trouve dans la plupart des écoles françaises, et il est certain qu'il faudrait des livres spéciaux, puisqu'on ne peut arriver que graduellement et bien lentement à donner à ces enfants l'idée de choses qu'ils n'ont pas vues et qu'ils ne verront peut-être jamais. Ceux-là seulement qui deviendront turcos ou cavaliers verront d'autres horizons que celui de leurs oasis. Pour eux, Constantine est à une distance incommensurable. Tous ces enfants lisent couramment, ils écrivent assez bien, ils savent calculer ; mais il est extrêmement difficile de les faire parler et même répondre d'un mot aux questions les plus simples. C'est qu'on s'adresse plus à leur mémoire qu'à leur intelligence, que l'instituteur, qui a le brevet d'arabe et qui se prépare au diplôme, se laisse aller trop facilement à leur parler leur langue, au lieu de les amener, de les forcer à s'exprimer dans la nôtre. C'est que l'enseignement n'est pas assez intuitif. Ici, comme à Vieux-Biskra, Sidi-Okba, El-Kantára, il n'y a pas de compendium métrique, pas de collection pour les leçons de choses. Or il faudrait, à côté d'un globe terrestre, des albums d'images instructives, fût-ce des images d'Epinal, et une grande caisse d'objets de toute espèce en miniature, sortes de jouets, que M. Colombo avait toujours près de sa table, prenant tantôt une chose, tantôt une autre pour la nommer, la faire voir, la faire toucher, en expliquer et montrer l'utilité. Et alors, pour ces enfants du désert, venir à l'école, ce serait une fête, un véritable jeu, suivant le mot latin. Ils apprendraient, en se récréant.

Les petits indigènes ont eux aussi leurs jeux, comme tous les enfants. Ils jouent aux billes, aux osselets avec des cailloux, toute une poignée, au saut de mouton, avec des pénitences et des pas (les babouches alignées remplacent la raie tracée sur le sol et les gamins sautent les pieds nus), à la balle. A la fête du printemps, on vend à Constantine des balles de cuir brodées d'or et d'argent. Les jeunes gens eux-mêmes y jouent sur le pré. Ils se lancent l'un à l'autre gracieusement la balle en poussant un petit cri et en cherchant à se surprendre. A Tuggurt la balle est en honneur. Nous avons vu une troupe de jeunes garçons ayant chacun en main une branche de palmier coupée, longue de 60 centimètres, recourbée à l'une de ses extrémités en forme de spatule et remplaçant la raquette. La balle de laine est lancée au hasard d'un bras vigoureux et toute la bande des petits moricauds bondit, s'élance, se bouscule, se roule dans le sable, met à nu les jambes, les bras nerveux qui s'entremêlent : les gandouras se soulèvent, les cuisses s'étalent au soleil, la balle est saisie par le plus leste, relancée et toute la bande à sa poursuite, et ainsi avec des cris et des rires sans fin. Cet exercice violent vaut bien, comme gymnastique, le jeu de paume à la française, avec sa grâce et sa correction.

Ce n'est pas tout, l'enseignement des indigènes doit avoir un caractère professionnel et tout au moins agricole. M. Lagleyze l'a parfaitement compris. S'il réussit, ne fût-ce qu'en partie, dans les nombreux essais qu'il a faits, il aura rendu de grands services à cette pauvre population qui n'a pour nourriture toute l'année que des dattes, pour boisson qu'une eau purgative et saumâtre, dont nous, Européens, nous ne pouvons pas boire impunément, à moins qu'un imprévoyant ne tue et ne décapite un palmier pour en boire le vin.

M. Lagleyze a su faire de son jardin particulier, à force d'initiative et de peine, un véritable jardin d'acclimatation. A l'ombre de ses magnifiques palmiers, il ne s'est pas contenté de semer dans les carreaux arrosables, qui entourent chaque arbre, de l'orge, comme font les indigènes, de la luzerne, des fèves; il y cultive avec succès choux, choux-fleurs, navets, carottes potagères, oignons, ails, poireaux, betteraves, petits radis, radis noirs, artichauts, tous fort étonnés d'être venus au jour dans une oasis entourée des sables du Sahara.

Pommes de terre et salade poussent aussi bien qu'on peut le souhaiter. C'est petit, mais bon. Quelle différence avec les champignons qu'on nous a fait manger, une sorte de fongosité fade, mais toute pénétrée d'une infinité de petits grains de sable craquant sous la dent! La salade surtout est appréciée; c'est de la fraîcheur, un peu de rosée printanière dans un pays brûlé par le soleil. M. Lagleyze est-il particulièrement satisfait de ses élèves au teint plus ou moins noir? (Outre les fils de M. l'agha, il n'y a que cinq ou six blancs descendant, m'a-t-on dit, d'anciens Juifs venus autrefois commercer jusque-là et convertis par force à l'islamisme.) Il les conduit en promenade dans son jardin. Il leur fait apprécier ses nouveautés horticoles. On peut même dire qu'il les leur fait goûter. Il lui est, en effet, arrivé de leur distribuer, comme suprême témoignage de satisfaction, de petites feuilles de salade tendres et vertes que tous ont savourées délicieusement. Ces récompenses, pour ne pas être prévues par le règlement scolaire, n'en ont pas moins produit un excellent effet. La réalité a fait plus de plaisir à ces enfants qu'une image. Ils se sont ainsi rendu compte de ce que l'homme peut faire produire à la terre, en la cultivant.

Nous avons vu dans ce jardin, en février, des abricotiers et des pommiers en fleurs. M. Lagleyze a le premier planté à Tuggurt le pêcher, le poirier, l'olivier, l'oranger, le mandarinier, le citronnier, le bananier, le poivrier et même la vigne à côté du grenadier, du bambou et de l'eucalyptus, cher aux fiévreux. Or la fièvre est trop connue à Tuggurt, à cause des eaux stagnantes qui l'entourent.

Presque tous ces plants sont encore bien frêles et le soleil est de feu ; mais les palmiers arrêtent en partie ses rayons ; des rigoles distribuent à volonté l'eau des puits artésiens inépuisables (1). Nous espérons bien que la chaleur ne brûlera pas tous les élèves de M. Lagleyze, avant qu'ils aient grandi.

(1) On nous a montré le vieux chef respecté des puisatiers arabes : chaque fois que les indigènes créaient un puits, d'une profondeur et d'un débit bien inférieurs aux nôtres, un homme, celui qui donnait les derniers coups de pioche, devait risquer sa vie.

XVI

TEMACIN

Quiconque va à Tuggurt doit visiter Témacin. M. l'agha a mis à notre disposition la seule voiture du pays, sa calèche traînée par trois bonnes mules, et deux déiras pour nous escorter. Nous faisons lentement les 16 kilomètres qui nous séparent de Témacin, la ville sainte. Les roues enfoncent profondément dans le sable. Nous rencontrons le caïd qui vient à notre rencontre, le marabout ayant été prévenu de notre arrivée. A l'entrée de la ville, la voiture s'arrête, ne pouvant aller plus loin, tant sont inégales et étroites les ruelles de l'oasis et les rues de la ville. Des mules nous attendent; la mienne doit être celle du marabout lui-même. La selle est toute brodée de soie verte et son licou orné de pompons verts, la couleur du prophète. De plus, j'ai fait, avec toute la discrétion convenable, tous les efforts que j'ai pu pour la déterminer à se départir un peu de son calme majestueux et à prendre une allure plus vive. Je n'ai jamais pu l'y décider; elle allait son pas ordinaire, en personne habituée aux respects et aux hommages, en sorte que je venais forcément le dernier de la bande, comme un évêque à la procession.

La ville est bâtie en terre; les maisons à terrasse dominent un petit cours d'eau. Nous franchissons une porte cochère pratiquée dans un long rempart de terre. Nous sommes dans la ville sainte : ici tout est au grand marabout de la confrérie de Sidi et-Tydjani, qui a une grande puissance et une immense influence dans le Sud. Nous ne dirons pas en quoi se séparent les adeptes de cette secte des autres musulmans ; mais il suffira de noter que chaque fois que le marabout obtient la permission de se déplacer, de venir jusqu'à Biskra, et même plus avant vers le Tell, les présents en argent, en nature affluent de toute part dans sa tente. C'est une sorte de razzia qui s'opère d'elle-même. Les Tydjanis ont à Constantine une chapelle dont le marabout a nom Si-Mouhammed ben Motmatiya. Je l'ai visitée, grâce à M. Martin, professeur de la chaire d'arabe, qui assista comme interprète militaire à la prise de Constantine et qui est connu de tous les Arabes influents. D'une sorte de salon, où, dans un coin, le tombeau du père du marabout actuel, couvert de riches étoffes, était entouré de flambeaux allumés, j'ai pu, tout en prenant du café et mangeant de la confiture arabe, assister, grâce à une fenêtre grillée donnant sur la chapelle, à une grande prière de la fin du Ramadan. Témacin est le quartier général des Tydjanis; c'est une véritable théocratie. Le frère du grand marabout, intelligent et aimable, Sidi Maammar, nous a fait un cordial accueil. Nous nous sommes assis sous un porche, à l'entrée de la maison, sur des tapis et des sièges préparés. Le grand marabout s'avance, suivi d'un nombreux cortège de fidèles, presque tous noirs. Nous allons à sa rencontre. M. Lagleyze, l'instituteur, nous avait accompagnés pour nous servir d'interprète. Nous échangeons les salutations et les compliments d'usage. Le marabout a une cinquantaine d'années, il est épais de corps et marche difficilement; mais l'œil est vif, intelligent, le sourire bon et fin. La barbe grise est taillée en pointe, les lèvres sont sensuelles.

Dans ce sanctuaire, où nous n'avons pas aperçu, même de loin, l'ombre d'une femme, la polygamie est, dit-on, pratiquée en grand. Le marabout nous a fait voir le tombeau de son père, le fondateur de la secte, tout entouré de drapeaux, dont quelques-uns, envoyés ou rapportés de la Mecque, sont baisés par nos déiras, le palanquin énorme sur lequel il est allé, porté sur deux chameaux, en pèlerinage au tombeau du prophète, la mosquée grande et sombre, la zaouïa où le fanatisme des sectaires s'entretient. Puis, prétextant une maladie, il nous a exprimé ses souhaits pour la France, pour le succès de notre œuvre d'instruction (mais j'ai bien vu qu'il n'y avait pas à faire la moindre tentative à Témacin, au moins du vivant du marabout actuel), et il a pris congé de nous. On nous a laissés un instant seuls dans le grand jardin de palmiers. Puis on nous a fait monter dans une grande salle carrée, dominée par une coupole couverte d'arabesques. Aux murs sont suspendus une quantité incroyable de carafes, de vases en cristal, en verre, en poterie, donnés par les visiteurs ou les fidèles, et des objets de toute sorte. Il y a plusieurs horloges ou pendules, dont une avec un grand sujet doré, présent du général Desvaux. Au milieu une table dressée à la française. Le repas a été long, bien servi, sans bruit, sans un mot, par deux nègres admirablement stylés. On nous a offert, outre le couscous inévitable, plusieurs mets français, des conserves de fèves, de champignons, de vrais champignons, mais tous les plats avaient le même goût indéfinissable. Nous avons pris le café dans un autre salon. Jamais, m'a déclaré le frère du marabout, l'on n'aurait osé faire ces constructions avant l'arrivée des Français. Il fallait alors se faire petit, pauvre. C'étaient des luttes, des guerres continuelles, des massacres sans fin avec les gens de Tuggurt, qui n'appartiennent pas à la même secte. Aujourd'hui, c'est la paix profonde.

Nous avons pris congé. En venant nous n'apercevions que quelques visages effarouchés d'enfants qui nous regardaient sournoisement par la porte entre-bâillée. Au retour, ils semblaient apprivoisés. Les plus malins murmuraient : Talebs ! en nous voyant passer. Plusieurs même sont venus le long du chemin me prendre la main et me dire en arabe : « Nous sommes contents de vous voir, nous aimons les Français, c'est à eux que nous devons la paix et la prospérité. » Il faudra créer une école à Témacin, aussitôt que le moment sera venu.

Le lendemain, après avoir revu M. l'agha, nous avons repris, avant cinq heures du matin, la route de Biskra. M. Lagleyze nous reconduisit à cheval avec ses trois plus grands élèves qui avaient subi les épreuves du certificat d'études. Ils avaient demandé la permission de nous accompagner à une certaine distance sur des bourriquots. Nous sommes rentrés, M. l'inspecteur et moi, sans regretter notre peine et notre fatigue, ayant constaté que, grâce à l'un de nos instituteurs, la langue et la civilisation françaises avaient déjà commencé à pénétrer jusqu'à 206 kilomètres au sud de Biskra.

Nous venons d'exposer très exactement où nous en sommes. Déjà quelque chose est fait : on ne saurait le nier. Nous avançons lentement; mais nous avançons sûrement et sur un terrain assez solide.

uelques-uns trouvent que l'on a tort de chercher à

instruire les Arabes, que l'on perd son temps, et que d'ailleurs il est bien heureux qu'il en soit ainsi. D'autres, et c'est le plus grand nombre, veulent comme nous l'assimilation, et même ils la veulent plus prompte. Ils nous accusent de lenteur et d'impuissance.

XVII

LES ZÉPHYRS INSTITUTEURS

On affecte de croire, on répète que l'administration universitaire, comme toutes les autres, n'aboutira pas, et qu'il lui faudra beaucoup de temps et d'argent. Et alors on cherche, on s'ingénie. Il a paru récemment une brochure dont nous ne parlerions pas si un écrivain qui fait autorité, et pour cause, dans toutes les questions d'enseignement, M. Francisque Sarcey, ne l'avait pas signalée et vantée dans son journal *le Gagne-Petit*.

« Nous avons en Algérie, écrit M. Sarcey, d'après l'auteur de la brochure, trois bataillons d'infanterie légère d'Afrique, où sont envoyés, à leur sortie des établissements pénitenciers, les militaires non condamnés à des peines infamantes, et qui, à l'expiration de leur peine, ont encore un certain temps à passer sous les drapeaux.

« Il s'y trouve un certain nombre de jeunes gens qui ont reçu dans leur famille une bonne instruction primaire. C'est cette catégorie de déclassés que l'auteur propose d'utiliser pour la vulgarisation de la langue française.

« Ils font un piètre service comme militaires, car ils ont prouvé qu'ils n'aimaient guère le régiment. C'est comme instituteurs qu'ils achèveraient leur temps moyennant une rétribution qui serait assez faible. Quelques-uns sans doute prendraient goût au métier, demanderaient à rester et passeraient dans une classe supérieure et mieux payée. Ils pourraient se marier, et dans ce cas, si leur femme voulait se charger de réunir les petites filles de la tribu pour leur faire la classe, elle serait également rétribuée en raison des services rendus. »

C'est très simple et très économique, comme on voit Et quel profit! Les anciens condamnés feraient ainsi souche d'honnêtes gens. Mais les bataillons d'Afrique ne sont pas composés de mauvais soldats, comme le dit la brochure. A la caserne, où ils s'ennuient, il est possible qu'ils cherchent des distractions, qui en conduisent quelques-uns au conseil de guerre; mais ils vont au feu avec bravoure; entraînés par leurs officiers, ils savent se battre et ils l'ont montré au Tonkin. Nous ne les voyons pas bien dans le rôle d'instituteurs, surtout d'instituteurs malgré eux.

Ils n'iraient pas dans les tribus, ou ils n'y resteraient guère. Ils ne pourraient pas y vivre avec les cent francs par an dont parle la brochure. Il faudrait en outre les loger et les nourrir, en leur fournissant, à grands frais, toutes les prestations nécessaires. La dépense serait au moins égale à ce que coûte un moniteur indigène. Or ils n'auraient pas d'élèves.

Un zéphyr, c'est bien léger, un joyeux bien gai pour faire un instituteur, un éducateur. Si l'habit ne fait pas le moine, la confiance ne s'impose pas. Or l'Arabe est méfiant, il ne se figure pas le taleb autrement que grave, mûr, sévère de tenue, sinon de mœurs, et marié au moins une fois. Le plus vieux aura toujours sa préférence.

L'idée de faire, après les soldats laboureurs du maréchal Bugeaud, des soldats maîtres d'école, est une utopie.

Les Colombo sont rares; M. Sarcey l'a reconnu dans un second article du 15 mai 1886.

« Il faut bien le dire, le projet a rencontré bien des défiances. En Algérie, on n'a pas déjà trop cru aux soldats laboureurs du maréchal Bugeaud. Les soldats instituteurs ont excité une hilarité compatissante et douce.

« Les soldats des bataillons de discipline ont reçu le nom de *Zéphyrs*, et s'appellent entre eux : les *joyeux*.

« Les joyeux! les Zéphyrs! voilà qui est bien léger pour l'école primaire! et non pas seulement pour l'école primaire, mais pour la gravité impassible des Arabes. Ce sont de rudes gars qui se battent comme des enragés à l'occasion. Mais aussitôt qu'il s'agit de discipline, va-t'en voir s'ils viennent, Jean! va-t'en voir s'ils viennent!

« Je les ai vus, m'écrit un de mes correspondants, je les ai vus dans le Sahara, travaillant au sondage des puits artésiens. J'ai cent fois causé d'eux avec leurs chefs. Prétendre faire de ces gaillards-là des instituteurs, c'est à pouffer de rire.

« Ils refuseraient parfaitement d'aller dans ces fameux gourbis, et si on les déportait, ils n'y resteraient pas huit jours. Ils se donneraient de l'air, les Zéphyrs. Quant aux Arabes francisés des villes, si jamais on en trouve un qui consente à s'en aller dans les tribus, il fera encore plus chaud qu'il ne fait en Algérie.

« A supposer même que l'on eût des instituteurs, les instituteurs ne trouveraient pas d'élèves. »

L'auteur de la brochure parle, en outre, « des jeunes indigènes des villes, qui ont fait dans les lycées, dans les collèges et dans les écoles communales un commencement d'études, qui savent parler, lire et écrire notre langue, qui, ne pouvant aspirer à des emplois plus honorables et mieux rétribués, sont à la recherche d'une place de copiste ou de clerc chez un notaire, un huissier, ou à défaut de garçon de bureau, attachés à des hôtels pour servir de ciceroni à des étrangers. Voilà des instituteurs tout trouvés, pas bien reluisants, mais faute de grives... » D'abord ces jeunes gens-là ne sont pas si nombreux qu'on le pense. Habitués à la ville, ils n'iraient pas au village, loin, bien loin des leurs, partager la vie dure des rustiques, encore moins des nomades. Ils ne sauraient pas enseigner. Ils n'inspireraient aucune confiance à leurs coreligionnaires et ils ne resteraient pas, à moins d'être payés autant et plus que nos moniteurs actuels, qui ont été choisis avec soin, formés à l'École normale, que nous avons tant de mal à garder, à maintenir dans la voie à suivre, et autour desquels nous ne réussissons que lentement à grouper, à retenir un certain nombre d'élèves fidèles.

Quant aux gourbis-écoles dont la brochure évalue la dépense à 1 000 francs, que seraient-ils? Que dureraient-ils? Nous voulons élever l'indigène. Il faut lui montrer une demeure un peu plus commode, plus propre que la sienne. On a fixé, après étude, la dépense maximum de chaque petite école préparatoire à 5 000 francs, et nous croyons qu'on est resté dans les limites de la plus stricte économie possible.

Nous ne pensons pas que le moment soit venu de nous occuper des tribus nomades, et d'établir des tentes-écoles qu'elles emporteraient avec le maître dans leurs pérégrinations. C'est, en définitive, dans les mêmes régions que les Arabes viennent camper, pour faire une récolte improvisée ou nourrir leurs troupeaux. On pourrait peut-être plus tard construire sur des points bien choisis, à proximité des sources, des cours d'eau ou des puits, des maisonnettes dont les cheiks auraient la clef et la surveillance, comme celles des bordjs du désert, et où se tiendraient les écoles passagères et intermittentes des nomades, dont le nombre ne peut manquer de diminuer tôt ou tard.

Un des journaux les plus sérieux de l'Algérie s'est occupé du système préconisé par M. Sarcey.

« M. Sarcey, a-t-il écrit, est ravi de la modicité de la somme à dépenser ; il ne s'agit, en effet, que d'un million par an, c'est presque une bagatelle.

« Avec cette somme qui nous semble quelque peu mythologique, nous ferions mieux : nous l'affecterions à la création de centres de colonisation. Il s'ensuivrait deux résultats au lieu d'un.

« D'abord nous augmenterions les forces productives de notre colonie, nous la peuplerions de Français parlant français, et ensuite, en rapprochant notre élément de celui des indigènes, ceux-ci, par la force même des choses, bénéficieraient de nos lumières, finiraient par parler comme nous, à cause du contact journalier qu'ils seraient obligés d'avoir avec nos compatriotes. Il se produirait ce qui se produit dans les villes où les Arabes parlent tous plus ou moins bien le français.

« Avec notre système, on fait d'une pierre deux coups. »

Nous sommes de ceux qui pensent qu'il faut encourager le plus possible la colonisation, créer des centres nouveaux : à condition qu'ils soient bien choisis et bien peuplés, ils prospéreront et deviendront peu à peu des foyers de civilisation. La solution de la question qui nous occupe sera ainsi facilitée : elle ne sera point atteinte, au moins pour la province de Constantine. Les renseignements statistiques exacts que nous avons donnés le prouvent trop clairement. On aurait bientôt fait de compter les Arabes de Constantine, pour ne parler que du chef-lieu du département, qui savent seulement s'exprimer en français.

Un ancien instituteur devenu journaliste, M. A. Beun, imprimeur gérant de l'*Echo du Sahara*, journal de l'arrondissement de Batna, après avoir reproduit l'article du *Gagne-Petit* « pour protester une fois de plus, dit-il, contre les agissements suivis jusqu'à ce jour en matière de création d'écoles indigènes, » ajoute dans le numéro du 9 mai 1886 :

« Nous avons toujours demandé qu'on renonçât à faire grand pour faire vite et beaucoup. Nous avons dit que le meilleur moyen d'arriver à un prompt résultat était de mettre quelques milliers de francs à la disposition de chacun des administrateurs des communes mixtes et indigènes, qui improviseraient vingt écoles en moins de temps et avec moins d'argent que ne coûte actuellement une seule école officielle.

« Voici d'ailleurs ce que nous écrivions dans l'*Écho* du 26 février 1883 :

« Aux chefs-lieux des communes mixtes, dans les postes forestiers ou douaniers, dans les brigades de gendarmerie placées en dehors des centres constitués et jusque dans le moindre hameau, la moindre ferme isolée, il est facile de trouver des Français qui consentent à donner quelques heures de leurs loisirs à l'instruction des jeunes indigènes.

« Que tout Français établi loin d'un centre européen, qu'il soit ou non agent de l'autorité, puisse ouvrir sa petite classe moyennant déclaration préalable et avec la perspective assurée d'une indemnité proportionnée aux résultats dûment constatés... et bientôt l'on verra surgir en Algérie une légion d'instituteurs improvisés qui faciliteront singulièrement la solution de l'important problème de l'instruction, nous voulons dire de la francisation du peuple arabe. »

XVIII

LE DÉCRET DU 13 FÉVRIER 1883

Le décret du 13 février 1883, rédigé après de longues et sérieuses études faites sur place par des hommes d'une compétence que nul ne saurait contester, MM. Foncin, inspecteur général de l'instruction publique, A. Rambaud, alors chef du cabinet du ministre, Buisson, directeur de l'enseignement primaire, et présenté à la signature de M. le président de la République par un de nos compatriotes, M. J. Duvaux, député de Meurthe-et-Moselle, ministre de l'Instruction publique et des Beaux-Arts, a été, nous venons de le voir, le point de départ de grands et réels progrès. Il est largement conçu, et forme, pour ainsi dire, le code de l'instruction publique et libre en Algérie, réglant les traitements et le mode de payement du personnel, organisant l'enseignement primaire public et libre, fixant enfin avec précision toutes les dispositions spéciales relatives à l'instruction des indigènes. Un article très intéressant et très complet de M. Wahl, paru dans la *Revue pédagogique* du 15 janvier 1883, avait comme annoncé d'avance l'esprit et les dispositions générales de cette partie du décret qui nous occupe spécialement et que nous devons rappeler.

TITRE IV

DISPOSITIONS SPÉCIALES RELATIVES A L'INSTRUCTION DES INDIGÈNES.

Art. 30. — Il est établi pour les indigènes une prime pour la connaissance de la langue française. Cette prime sera de 300 francs. La dépense sera imputée sur le budget de l'instruction publique.

Les formes de l'examen et les conditions du droit à cette prime seront réglées par arrêté ministériel, après avis des conseils départementaux et du conseil académique.

Art. 31. — Les examens du certificat d'études primaires élémentaires, institué par l'article 17 du présent décret, porteront, pour les indigènes, sur les épreuves ci-après énumérées.

Langue française : Lecture, écriture, notions usuelles et sommaires de grammaire et d'orthographe constatées par une dictée et une explication orale.

Calcul : Les quatre règles ; règles de trois,

Notions essentielles du système métrique,

Notions très sommaires sur la géographie et l'histoire de la France et de l'Algérie.

Langue arabe ou berbère : Lecture et écriture.

Pour les jeunes filles, la couture en plus.

Pour les jeunes gens, facultativement la gymnastique et le travail manuel.

Un arrêté du recteur règlera le mode d'examen et d'appréciation.

Art. 32. — L'indigène muni du certificat d'études établi par l'article 31 pourra être employé comme moniteur dans les écoles publiques, et recevoir, en cette qualité, le traitement prévu par l'article 39.

Art. 33. — Il pourra être accordé aux élèves indigènes des écoles publiques qui se distingueront par leur assiduité et par leur travail, des primes de fréquentation et des encouragements sous la forme de dons en nature (aliments, vêtements, chaussures, livres, fournitures scolaires).

Art. 34. — Des arrêtés du gouverneur général détermineront, à mesure que le nombre des locaux scolaires le permettra, les communes ou les fractions de communes dans lesquelles les prescriptions du titre III, relatives à l'obligation scolaire, seront applicables aux indigènes.

Art. 35. — Dans toute école publique, la liberté de conscience des enfants indigènes est formellement garantie : ils ne peuvent être astreints à aucune pratique incompatible avec leur religion, et ont droit en particulier à l'application de l'article 13.

Art. 36. — Il sera établi dans chacun des départements d'Algérie des cours normaux destinés à préparer les indigènes aux fonctions de l'enseignement. Le nombre, le siège et l'organisation de ces cours normaux seront déterminés par le ministre de l'instruction publique, sur la proposition du gouverneur général et du recteur. La dépense résultant de l'établissement et de l'entretien de ces cours sera supportée par le budget de l'instruction publique.

Il pourra être établi dans les mêmes conditions des cours normaux spécialement destinés à l'étude de l'arabe ou du berbère pour les instituteurs et institutrices français.

Art. 37. — Le ministre de l'instruction publique mettra au concours un ou plusieurs livres scolaires spécialement destinés à l'instruction élémentaire des indigènes.

DISPOSITIONS RELATIVES AUX COMMUNES DE PLEIN EXERCICE
ET AUX COMMUNES MIXTES.

Art. 38. — Dans les communes de plein exercice et les communes mixtes, les enfants indigènes sont reçus aux écoles publiques aux mêmes conditions que les Européens ; ils sont soumis aux mêmes règles d'hygiène, de propreté et d'assiduité. Nul enfant ne peut être reçu dans une école publique s'il n'est vacciné ou n'a eu la petite vérole.

Art. 39. — Dans toute école publique, comptant au moins vingt-cinq élèves indigènes, l'instruction de ces élèves, pendant la durée du cours élémentaire, sera confiée de préférence à un adjoint indigène muni du brevet de capacité ou, à son défaut, à un auxiliaire ou moniteur indigène muni du certificat d'études.

L'adjoint breveté sera assimilé pour le traitement et l'avancement aux adjoints français, par dérogation au paragraphe 4 de l'article 1er du décret du 27 mai 1878.

Les moniteurs pourvus du certificat d'études recevront : 1° un traitement fixe qui pourra s'élever, par augmentations successives, à un an au moins d'intervalle, de 400 à 900 francs ; 2° une allocation éventuelle de 1 franc par élève et par mois de présence.

Les adjoints et moniteurs indigènes sont nommés par le recteur dans la même forme que les adjoints français ; toutefois cette nomination dans les écoles mixtes devra être faite sur la présentation du préfet.

Art. 40. — Il pourra être créé pour les enfants indigènes des deux sexes de quatre à huit ans, des écoles enfantines dirigées par des institutrices munies du brevet de capacité ou du diplôme des salles d'asile. Elles pourront être assistées par des monitrices indigènes rétribuées de la même façon que les moniteurs.

Art. 41. — Toutes les créations d'écoles dans les communes mixtes seront faites, après décision du conseil départemental, dans les conditions prescrites par les articles 1er et 2 du présent décret. Cette décision pourra être provoquée, à défaut de la commission municipale, soit par l'autorité administrative, soit par l'inspection académique.

DISPOSITIONS RELATIVES AUX COMMUNES INDIGÈNES.

Art. 42. — Dans les communes indigènes, des écoles peuvent être créées par décision du gouverneur général, sur la proposition du général commandant la division ou à la requête de l'inspecteur d'Académie, et, dans les deux cas, après avis du conseil départemental.

Pour l'établissement de ces écoles, les communes pourront recevoir des subventions de la Caisse des lycées et écoles. Le traitement des instituteurs sera à la charge de l'État, les autres dépenses à la charge de la commune.

Art. 43. — L'enseignement sera donné dans les écoles des communes indigènes en français et en arabe.

Art. 44. — Les écoles des communes indigènes seront de deux sortes :

Écoles principales ou du centre dirigées par un instituteur français.

Écoles préparatoires ou de section confiées à des adjoints ou à des moniteurs indigènes, sous la surveillance du directeur de l'école principale.

Art. 45. — Le directeur de l'école principale est nommé par le gouverneur général, sur la présentation du recteur. Il doit remplir les conditions suivantes :

Être pourvu du brevet de capacité ;

Être marié ;

Avoir résidé deux ans au moins en Algérie ;

Avoir obtenu la prime de langue arabe ;

S'engager à exercer pendant cinq ans au moins dans une commune indigène, sauf un cas de force majeure.

Il recevra un traitement de début de 3 000 francs, avec augmentation annuelle de 100 francs ; à ce traitement pourront s'ajouter les allocations prévues par l'article 6 du présent décret.

Il aura un logement avec jardin ou champ.

Il aura droit, en outre, si la résidence l'exige, au nombre des prestations en nature que l'autorité militaire locale déterminera pour assurer ses approvisionnements.

Il aura droit tous les deux ans, à l'époque des vacances, au transport gratuit pour lui et sa famille sur un point quelconque de l'Algérie, ainsi qu'à l'autorisation de passage gratuit en France et au parcours à demi-tarif sur les chemins de fer français.

Il recevra un supplément de traitement de 200 francs par an, passible de retenue, pour chaque école préparatoire qui s'ouvrira sous la conduite d'un de ses élèves.

Art. 46. — La mère, la femme, la fille ou la sœur de l'instituteur peut être chargée de la surveillance et du soin des plus jeunes enfants et recevoir à ce titre une allocation de 500 à 800 francs. Si elle est brevetée et peut diriger une école enfantine, elle recevra un traitement de 1 500 francs susceptible d'augmentations annuelles de 100 francs.

Art. 47. — Les adjoints et les moniteurs indigènes chargés des écoles préparatoires seront nommés et rétribués comme il est dit à l'article 39.

Art. 18. — Pour assurer la prompte exécution des mesures prescrites par le titre IV du présent décret, le ministre de l'instruction publique mettra à la disposition du recteur d'Alger, par une délégation temporaire, un inspecteur d'académie, et, s'il y a lieu, un ou plusieurs inspecteurs primaires, avec mission d'organiser, sous les ordres du recteur, le service de l'instruction primaire des indigènes.

Ce décret a une importance considérable. Il a été complété par un second décret du 1er février 1885, qui prévoit, à peu près dans les mêmes conditions que pour les communes indigènes, la création d'écoles principales et d'écoles préparatoires dans les communes mixtes, et même dans les communes de plein exercice.

C'est là un complément d'une grande portée, puisque les territoires de commandement doivent être de plus en plus réduits ; mais l'expérience a peut-être déjà démontré qu'il serait bon d'apporter au décret quelques autres modifications que nous allons indiquer.

Nous sommes, en effet, bien convaincu que le gouvernement de la République, le gouvernement général de l'Algérie, et tous les pouvoirs publics, pour ne point parler de l'Administration académique qui a pour mission, pour devoir, de propager l'instruction, de multiplier les écoles par tous les moyens possibles, que la grande majorité de la population française, algérienne, et partant ceux qui, à divers titres et à divers degrés, la représentent dans les corps élus, reconnaissent l'importance de cette question et la nécessité de la résoudre.

Il faut, pour que l'œuvre entreprise par la France dans le nord de l'Afrique soit durable, anéantir les Arabes, les refouler dans le désert, les rejeter dans la barbarie, ou les élever peu à peu jusqu'à nous ; le système mixte de compression ne peut pas durer indéfiniment. « Qu'on ne l'oublie pas, entre populations entremêlées que séparent les origines, les traditions, les mœurs, l'état social, il n'y a d'autres alternatives que l'assimilation graduelle, l'avilissement par la servitude ou le massacre. » — Élisée Reclus. *Géographie universelle*, XI. *L'Afrique septentrionale*, p. 302. — Hachette et Cie, éditeurs.

Ainsi posée, l'affaire est entendue.

L'humanité, la justice, la tradition déjà séculaire de la France sont d'accord avec son véritable intérêt.

Il ne saurait plus être question de la dangereuse utopie d'un royaume arabe, mise en avant avec éclat vers la fin du second empire. L'Algérie est définitivement la première, la plus importante de nos colonies. Grâce à son heureuse situation, à la facilité de plus en plus grande des communications, elle est en passe de devenir une seconde, une nouvelle France.

Pour hâter la marche en avant, que faut-il faire ?

D'une part, et avant tout, nous le reconnaissons; il faut développer la colonisation, multiplier les villages établis dans de bonnes conditions, assurer aux nouveaux venus la satisfaction de tous leurs besoins matériels et moraux, et, en première ligne, leur ouvrir toutes les écoles nécessaires.

D'autre part, il faut constituer et l'état civil et la propriété indigènes, répandre par tous les moyens en notre pouvoir chez les musulmans indigènes, aussi bien que chez les étrangers et les israélites, la langue française et les connaissances indispensables. Il ne s'agit plus de procéder, comme précédemment, par voie d'exceptions, en entretenant dans les lycées et collèges quelques jeunes gens de grandes familles, considérés comme des otages, comme des gages de fidélité, qui reprenaient ensuite leurs mœurs, leur fanatisme, et cela d'autant plus vite qu'ils voulaient se faire pardonner leur séjour au milieu de nous, et qui devenaient parfois nos plus mortels ennemis. Il faut agir *par région* sur la *masse entière* du peuple. Le succès n'est pas douteux : c'est une affaire de temps, d'argent et de volonté. Plus de tâtonnements, ni de délais. Faisons, s'il le faut, une nouvelle enquête et ayons ensuite un plan méthodiquement tracé et régulièrement suivi. Ainsi l'on verra peu à peu la criminalité diminuer chez les Arabes, la sécurité s'affermir, le bien-être et la richesse générale s'accroître.

Que d'autres, moins bien renseignés, pour ne point parler de ceux qui ne veulent pas regarder, ne voulant pas voir, de ceux qui, par intérêt ou parti pris, ne se résoudront jamais à changer d'opinion, que d'autres continuent d'affirmer que l'Arabe, retombé dans la barbarie, inerte, indifférent, faisant presque seul exception parmi les races humaines, est désormais incapable de développement, imperfectible. L'éclat éblouissant, mais éphémère des califats a été semblable à la flamme d'un feu de joie allumé un jour de fête publique et devenant un incendie, un embrasement qui dévore et anéantit. Après vint la nuit sombre. Contre ces assertions pessimistes et décourageantes, proteste avec chaleur dans un mémoire, écrit pour nous et publié dans le *Bulletin scolaire* du département, M. Mejdoub ben Kalafat, professeur au lycée et à l'École normale d'instituteurs, qui, pour être devenu aussi Français que possible, et d'habitudes et de cœur, n'a pas moins gardé le respect et l'orgueil de sa race. M. Mejdoub proteste au nom du passé. Nous protestons, nous, au nom du présent, en invoquant les faits, les renseignements qui précèdent. Sans doute, il y a eu un certain nombre d'Arabes et non les moins fins, les moins avisés, qui ont adopté notre langue, nos mœurs, mais surtout nos défauts et même nos vices. Dépaysés, ils ont été ensuite dévoyés : cela n'est point pour nous surprendre. Aussi réclamons-nous l'application d'un tout autre système ; mais nous ne nous dissimulons pas les difficultés.

Il y a d'abord des difficultés matérielles : distances, lenteur des communications, énormité de la dépense, isolement, vie nomade, etc. Il y a des difficultés morales encore plus longues à vaincre : d'abord le fanatisme religieux, d'autant plus fort que la religion musulmane est encore à peu près aujourd'hui où en était le catholicisme au treizième siècle, fanatisme soigneusement entretenu et exploité par tous ceux qui en vivent; l'ignorance complète, l'asservissement de la plèbe. Le Krammès qui travaille et arrose la terre de ses sueurs, ayant pour tout salaire de ses peines le cinquième du produit, est-ce autre chose qu'un serf? Il y a la misère profonde, par suite la malpropreté invétérée : le sable peut remplacer l'eau dans des ablutions le plus souvent tout à fait sommaires ; un seul vêtement de laine, blanc au début, presque jamais lavé, enveloppe l'Arabe, qui se couche sur la terre nue, dans sa tente, au milieu des animaux domestiques, dans un fondouk, à côté des bêtes de somme, toujours sûr d'être en nombreuse compagnie, même dans l'isolement. Il y a la démoralisation et l'apathie superbe. Il faut joindre à tout cela la crainte bien naturelle du vaincu, habitué aux mauvais traitements. Et cependant l'indigène doit trouver notre domination bien douce par comparaison avec celle des Turcs.

« Pendant longtemps, dit M. Mejdoub Ben Kalafat, les Arabes ont cru que les Français n'étaient pas venus pour se fixer en Algérie, que ce n'était qu'une occupation provisoire, et qu'ils n'allaient pas tarder à repasser la mer. Plus tard, les voyant assainir le pays, tracer des routes, construire des chemins de fer et fonder des écoles qui rivalisent avec celles de la métropole, leurs premières espérances furent déçues. »

Il faut bien qu'ils en prennent leur parti : nous sommes chez nous en Algérie et nous y resterons. Continuons à faire tout ce qui est en notre pouvoir pour leur ôter toute hésitation sur ce point : nous n'aurons plus d'insurrection à craindre. La mise sous séquestre des biens des révoltés — et pour certains le séquestre dure encore depuis 1871, — a été un excellent moyen de répression. Les indigènes doivent commencer à comprendre que toute tentative de révolte serait immédiatement réprimée et leur coûterait cher. Nous voudrions, nous, qu'ils n'eussent pas même le désir, la pensée de se révolter, qu'ils tirassent profit de la civilisation française et qu'ils s'en rendissent compte ; mais pour atteindre ce résultat si important, il faut que l'armée, que toutes les administrations nous prêtent leur concours.

Instituteurs, nous jetterons le pont : grâce à nos écoles, nous établirons les communications et le contact. Il ne peut pas être question d'organiser l'exploitation des Arabes au profit de quelques colons, mais d'amener peu à peu l'Algérie au plus grand développement possible, à la prospérité générale la plus féconde, pour le plus grand bien de la mère patrie, d'abord, des hommes d'énergie et d'entreprise qui ont mis toutes leurs forces au service de la colonisation, ensuite, mais aussi, il le faut, pour le bien de la masse des anciens habitants du pays. Alors seulement nous aurons fait une œuvre juste, partant durable.

Or il est nécessaire que nous commencions par dissiper toutes les méfiances.

Une école avait été ouverte dans une section de commune habitée par des Arabes, disséminés la plupart dans des gourbis autour et à quelque distance des fermes françaises. Un instituteur français avait été envoyé. Ne parlant pas l'arabe, manquant un peu d'initiative, bien que soutenu, aidé par l'administration, il ne réussissait pas à attirer un seul élève. Il se désespérait. J'y allai moi-même avec mon chaouch pour interprète. On sut bientôt que j'étais là. Le matin le garde-champêtre avait été dans les gourbis inviter encore une fois les parents à envoyer les enfants à l'école. Deux d'entre eux s'étaient emportés, avaient été arrogants et, pour cette attitude de révolte, ils avaient été frappés d'une amende et enfermés à la geôle. Tout le village était encore en émoi. Je fus bientôt sur la porte de l'école, entouré d'Arabes, gesticulant et parlant tous à la fois. Je leur fis signe de la main de se taire, et montrant le plus vieux, je lui dis : « Parle pour tous, toi, j'écoute ». Et il parla. Et j'écoutai attentivement. Le vieillard dit, en abrégé : « Vous êtes les maîtres. Si vous ordonnez que nous envoyons nos enfants dans votre école, nous les enverrons. Nous ne demandons qu'une chose, c'est qu'il n'y ait pas d'exception, pas d'injustice, que la même règle s'applique à tous.

« Aujourd'hui on nous demande nos enfants : demain on nous demandera de l'argent. On nous fera payer, et nous sommes pauvres.

« Quand nos enfants auront été élevés par vous, qu'ils sauront votre langue, on nous les prendra, on les enverra bien loin pour en faire des soldats et nous ne les reverrons plus.

« Enfin nous tenons à la religion de nos pères, et nous voulons que nos enfants la conservent. »

Quand mon interprète m'eut traduit ces paroles qui exprimaient bien la pensée de tout l'auditoire, dont je ne cessais pas d'observer les gestes, les visages et les yeux, je répondis en faisant traduire au fur et à mesure mes paroles.

« Nous, Français, nous voulons votre bien. C'est dans votre intérêt, dans l'intérêt de vos enfants que nous cherchons à les instruire. Nous les traitons comme nos propres enfants.

« Nous, nous pratiquons la justice. Chez nous, la loi est la même pour tous. Si des dispenses sont accordées, c'est aux enfants pauvres qui ont besoin d'apprendre un état, d'aider leurs parents aux travaux des champs.

« Ceux qui enverront leurs enfants à l'école ne payeront ni aujourd'hui, ni demain, ni jamais. Je vous le promets : vous pouvez avoir confiance en ma parole. Nous leur fournirons même pour rien des livres et des cahiers. Nous leur donnerons des récompenses agréables et utiles.

« Jamais on ne prendra de force vos enfants pour en faire des soldats. Ceux qui, entraînés par leur bravoure naturelle, s'engagent et combattent à côté de nous, le font volontairement : ils en sont récompensés.

« La religion musulmane, personne ne la menace. Nous respectons votre religion. Nous, Français, vous le savez bien, nous respectons toutes les religions, et il n'est jamais, vous entendez bien, *jamais* question des choses religieuses dans nos écoles. Chez nous, l'école et le temple sont séparés.

« Enfin, dis-je, appuyant sur la question d'intérêt, vous êtes trop âgés, vous, pour apprendre une langue nouvelle. Et cependant vous, qui avez forcément tant de rapports avec nous pour vos travaux, vos marchés, vos procès, vous devez avoir recours à des interprètes, plus ou moins fidèles, que vous devez payer cher. Vous ne savez pas écrire : le moindre billet, le plus petit écrit à rédiger en arabe ou en français, il vous faut le payer et très cher. Eh bien, il ne faut pas que vos enfants soient comme vous. Il faut qu'ils sachent lire, écrire, en arabe et en français, qu'ils sachent compter. Ils seront plus tard plus heureux que vous et, en attendant, ils vous rendront à vous-mêmes les plus grands services. »

Je parlais avec conviction, avec énergie. Je voyais bien que j'étais compris. Presque tous, quand j'eus fini, mirent la main droite sur leur cœur, quelques-uns vinrent même me prendre la mienne. Ils entrèrent à l'école derrière moi avec leurs enfants. Quelques-uns assistèrent à la première leçon. J'obtins de M. l'administrateur, comme faveur, la mise en liberté des deux révoltés, et pendant quelque temps l'école fut assez bien fréquentée, jusqu'à ce que les pères de famille eussent appris que la loi ne les obligeait pas à envoyer leurs enfants à l'école française. Alors ils les retirèrent. La classe devint déserte et tous nos efforts furent perdus.

Nous devons, sans nous décourager, nous attacher à dissiper les méfiances, les inquiétudes, les préjugés, et nous en viendrons à bout. L'Arabe a pu être quelquefois trompé par des Français; mais il l'a été bien plus souvent par des coreligionnaires, par des Juifs. Il sait ce que vaut la parole d'un officier français. Il sait que, sur les bateaux, en chemin de fer, il paye toujours, exactement, à un sordi près, le prix de sa place. J'ai bien vu qu'ils ajoutaient foi à ma parole de taleb français, que je tâchais de rendre aussi nette, aussi convaincante que je pouvais.

Nous rencontrerons encore d'autres difficultés de la part de certains parents européens, qui redoutent pour leurs enfants le contact physique et moral des indigènes. A la campagne surtout, il y a des enfants indigènes d'une précocité inquiétante. Aussi le conseil départemental de Constantine, encore récemment consulté, a-t-il émis l'avis qu'il y a lieu d'interdire absolument l'entrée des écoles mixtes aux garçons indigènes. Nous pensons, nous, qu'on pourrait sans inconvénient, sans danger, introduire deux ou trois petits garçons indigènes, offrant des garanties, au moins dans les toutes petites écoles de 15 à 20 élèves, comme nous en comptons quelques-unes; mais il faut au maître beaucoup de tact et de vigilance.

Enfin des difficultés viennent encore du recrutement du personnel. Les jeunes Algériens naturellement acclimatés, habitués aux mœurs, à la langue des Arabes, arrivant facilement à la parler, se présentent en petit nombre à l'école normale, et il s'en faut qu'ils fassent tous même leurs dix années de service réglementaires dans l'enseignement public. Ils trouvent ailleurs des débouchés plus avantageux. Nous avons été souvent obligés de faire venir des jeunes maîtres de France, d'où les demandes d'emploi nous arrivent, heureusement, de toutes parts; mais il faudrait pouvoir toujours les faire débuter à Constantine, où ils pourraient et devraient suivre les cours d'arabe. Quant aux adjoints et moniteurs indigènes, leur recrutement est encore loin d'être facile. Les attirer, les préparer, c'est déjà quelque chose; mais ce n'est pas tout : il faut les garder, les diriger et les surveiller sans cesse.

XIX

DE L'OBLIGATION SCOLAIRE

Le principe de l'obligation scolaire imposée à tous les enfants de 6 à 13 ans par la loi du 28 mars 1882 a été appliqué en Algérie par le décret du 13 février, qui reproduit les dispositions de la dite loi, non seulement aux Français, mais même aux Européens.

Les instituteurs du département de Constantine, réunis en conférence pédagogique, ont unanimement réclamé l'application de ce principe aux indigènes musulmans. Mais les plus anciens dans le pays, ceux qui ont vécu au milieu des Arabes, se sont trouvés d'accord pour déclarer que l'Arabe n'a pas de volonté par lui-même, qu'il est essentiellement indifférent et passif. On dirait d'un kouan ayant prêté le serment analogue à celui des jésuites et juré d'être « comme le mort entre les mains du laveur. » Ce n'est donc pas, a-t-on déclaré, sur le pauvre être sans personnalité, et partant sans responsabilité, mais sur celui qui le mène, qu'il faut agir.

Disons tout d'abord qu'il ne saurait être question d'appliquer l'obligation aux filles musulmanes : ce serait folie.

Pour les garçons, même dans les villes, même dans les milieux les mieux préparés, il ne serait pas possible, pas pratique d'appliquer davantage les dispositions de la loi reproduites dans le décret, qui sont d'ailleurs, on ne le sait que trop, suivies de si loin, quand elles ne sont pas absolument lettres mortes, dans un si grand nombre de communes de France. (A Constantine le décret est appliqué rigoureusement depuis dix-huit mois. Aussi le nombre des élèves s'est-il accru dans une proportion considérable et a-t-il fallu créer un certain nombre de classes nouvelles.)

Il ne faut pas parler de déclarations faites par les pères, tuteurs ou personnes ayant la garde de l'enfant, quinze jours au moins avant la rentrée des classes (art. 18 du décret); ce serait multiplier à plaisir les infractions, et partant les répressions.

Il ne faut pas parler comme pénalité de l'affichage à la porte de la mairie pendant quinze jours ou un mois : ce serait une peine illusoire et partant ridicule. Ces listes risqueraient de devenir, le fanatisme aidant, des tableaux d'honneur.

Restent les amendes, la prison. Nous ne sommes point partisan de l'extension de l'indigénat. Ce serait en vérité un mauvais moyen pour gagner les indigènes. On serait sûr de leur rendre nos écoles à tout jamais odieuses. Cependant un bon nombre de personnes sont d'avis qu'il faudrait prononcer contre les récalcitrants, après récidive, des amendes de 25 centimes, puis 50, d'un franc même à la fin, par chaque jour d'absence, au moins contre tous ceux qui sont rangés pour les impôts dans la première et dans la deuxième catégorie (1).

(1) Dans une brochure publiée à Alger en 1883 après l'apparition du décret du 13 février « aux frais, dit cette brochure même, d'un grand nombre d'indigènes musulmans, étant les amis de l'instruction chez leurs coreligionnaires », M. A. Brihmat, fils de Si Hassen ben Brihmat, écrit : « A mon avis, le seul remède à apporter à cet état de choses serait la réinstallation des écoles de tribus avec obligation absolue, sous peine d'encourir une punition par le père ou tuteur, d'envoyer régulièrement l'enfant à l'école. »

Tout bien considéré, nous n'en demanderons pas tant.

Que l'on crée des écoles progressivement, sans hâte, avec suite, en gagnant pas à pas du terrain, sur des points bien choisis et qu'alors un arrêté de M. le gouverneur général rende exécutoire dans la commune ou la section pourvue, en vertu de l'article 34, le titre III du décret, mais modifié.

Que tous les ans la commission scolaire, dans laquelle entreraient nécessairement au moins deux musulmans de distinction, nommés par le préfet ou par le général de division en territoire militaire, dresse la liste des enfants de 5 à 11 ans (et non de 6 à 13, à cause de la précocité des indigènes), et que le président de la commission envoie, quinze jours avant la rentrée, au père ou tuteur un billet écrit en français et en arabe ainsi conçu :

« Par application de l'article 34 du décret du 13 février 1883, vous êtes invité à envoyer, au moins à une classe par jour, à l'école de. . un tel. . . âgé de. . . »

Que les récalcitrants soient cités individuellement devant la commission scolaire. Que le président leur explique leur devoir, qu'il leur fasse comprendre leur intérêt. Que tous les indigènes fonctionnaires et salariés, à un titre quelconque, soient avertis qu'ils *doivent* envoyer leurs enfants d'âge scolaire à l'école, faire tout ce qui est en leur pouvoir pour engager leurs coreligionnaires à suivre leur exemple, faute de quoi ils seront immédiatement révoqués. C'est la moindre des choses. Que les municipalités, les compagnies de chemin de fer, les associations, les particuliers fassent de même. Nous n'en demandons pas davantage. Nos écoles seront bientôt remplies et suivies assez régulièrement. Ainsi pas de coercition, une simple *obligation morale*. Nous réduisons autant que possible la durée de l'âge scolaire. Nous organisons partout les classes de demi-temps avec emploi du temps *ad hoc*, de façon à permettre aux enfants indigènes de fréquenter soit l'école coranique, soit l'atelier d'apprentissage ou de prendre part aux travaux des champs, à la garde du bétail.

Nous demandons, d'autre part, un bon système de récompenses et d'encouragements pour les maîtres et pour les élèves, pour tous ceux qui travaillent au développement de l'enseignement chez les indigènes. Pour ces derniers, des récompenses honorifiques, des lettres de félicitations du gouverneur général ou du ministre de l'instruction publique, pour les maîtres, des gratifications, des avancements au choix, pour les élèves des bons points centimes, des livrets de caisse d'épargne, des distributions ou achats, au moyen de bons points, d'objets utiles, vêtements, chaussures, outils, etc. Une institutrice trouvant l'assimilation trop lente et la gandourah indécente, se souvenant peut-être des ukases de Pierre le Grand, voudrait qu'on ne donnât jamais ni chéchias, ni burnous, mais des pantalons, des blouses bleues et peut-être aussi des bonnets de coton! Elle n'ose pas parler de chapeaux gibus, sachant sans doute qu'un maire original avait imaginé d'infliger à ses administrés indigènes, comme punition, deux ou trois tours par le village avec cet affreux couvre-chef sur la tête. Gardons-nous du ridicule et laissons aux indigènes leur costume plus logique, plus commode que le nôtre et mieux approprié au climat. Les distributions de vêtements doivent se faire surtout au début de l'année scolaire, pour engager les élèves à revenir à l'école et afin qu'ils soient propres plus longtemps en classe.

Nous ne sommes pas grand partisan des distributions de pain autrefois en usage dans les villes ; **mais nous** voudrions qu'à la campagne on donnât le couscous ou du moins la galette aux enfants des douars trop éloignés pour y revenir au milieu du jour.

Nous voudrions en outre qu'une somme suffisante pour les encouragements et récompenses fût au besoin inscrite d'office au budget de chaque commune (art. 33).

Nous pensons qu'il conviendrait d'ajouter au programme de toutes les écoles d'Algérie, au moins à titre facultatif, l'enseignement de la lecture et de l'écriture de l'arabe. Les indigènes verraient alors que nous voulons réellement entrer en communication avec eux et que, si nous cherchons à leur apprendre notre langue, qui est et sera toujours la langue diplomatique des peuples européens, nous ne dédaignons pas la leur. Les Arabes et les Kabyles ne sauraient refuser d'admettre qu'ils ont intérêt à apprendre à lire et à écrire en arabe, comme savent le faire beaucoup de Juifs et presque tous les Mozabites.

L'article 43 du décret est ainsi conçu : « L'enseignement sera donné dans les écoles des communes indigènes en français et en arabe. » Or l'expérience nous a démontré que le maître, même français, est trop porté à traduire purement et simplement le mot français par le mot arabe ou berbère correspondant, au lieu de chercher à en expliquer le sens, à faire comprendre l'idée qu'il représente. Il faudrait donc dire : « L'enseignement sera donné en français. L'instituteur ne devra, en dehors des leçons particulières d'arabe, employer que les mots arabes ou berbères strictement indispensables pour se faire comprendre. Pendant les récréations il sera défendu aux élèves des cours moyen et supérieur de parler une autre langue que le français. »

Nous avons besoin que nos maîtres sachent simplement un peu parler l'arabe, afin qu'ils puissent se faire comprendre de leurs élèves et aussi des parents de leurs élèves avec qui il est nécessaire qu'ils aient quelques relations.

Aussi n'est-il pas, selon nous, nécessaire d'exiger des directeurs d'école principale la prime de langue arabe, à moins qu'elle ne puisse être décernée (ou le brevet qui la remplace) après un examen simplifié et plus pratique.

Enfin nous voudrions voir constituer dès maintenant auprès de chaque école indigène des comités de patronage composés de Français et d'indigènes. Un jour ou l'autre, il y aura auprès de chaque école française, et non plus seulement auprès des écoles primaires supérieures et des écoles maternelles, favorisées sur ce point, une sorte de conseil de famille, un comité de patronage qui pourrait être élu par tous les pères de famille ayant des enfants à l'école. Nous voudrions que ce comité de patronage fût immédiatement constitué auprès de chaque école indigène, qu'il fût composé des fonctionnaires civils et militaires les plus importants, des citoyens les plus honorables, des indigènes les plus influents, tous désignés par le recteur sur la proposition de l'inspecteur d'académie, après avis du préfet et du général de division. Ils provoqueraient des souscriptions, distribueraient des récompenses et des secours ; sans inspecter, à proprement parler, l'école, ils assisteraient chaque trimestre à des examens semi-publics sur les diverses parties de l'enseignement, à des sortes de classe d'honneur portant sur les différentes branches du programme (ce système a fort bien réussi à l'étranger et à Paris aux écoles Alsacienne et Monge). Ils s'occuperaient de placer, d'aider les élèves à leur sortie. Pour les écoles de filles, ils placeraient les produits de leur travail, une moitié du prix de vente servirait à acheter les instruments et matières premières nécessaires, l'autre moitié serait versée à la caisse d'épargne au nom de chaque élève, et le livret lui serait remis à la sortie de l'école.

XX

DE L'ENSEIGNEMENT LIBRE

L'enseignement libre, qui pourrait être un utile auxiliaire pour l'enseignement public, n'existe pour ainsi dire pas, en ce qui concerne les indigènes, dans la province de Constantine. Les jésuites, les pères blancs y ont peu réussi malgré tous leurs efforts ; les indigènes ont redouté leur prosélytisme. On pourrait essayer de faire, comme quelques-uns le demandent, un appel général à tous les citoyens de bonne volonté. Nous consentons, pour notre part, à ce que chaque Français, même dépourvu de tout titre de capacité, à condition qu'il n'ait subi aucune condamnation, qu'il soit nanti d'un certificat de bonnes vie et mœurs, puisse, après une simple déclaration faite au maire ou à l'administrateur, qui en devrait immédiatement informer les autorités préfectorales, judiciaires et académiques, apprendre à lire, écrire et compter à un certain nombre d'indigènes dans un local, à des heures et avec des procédés de son choix. Nous admettons même que, par analogie avec ce qui se passe pour les cours d'adultes aux illettrés, il soit accordé une prime de 20 francs par indigène auquel il aura été appris à parler, à lire, à écrire le français et à calculer, et même une somme plus forte par indigène reçu au certificat d'études spécial aux indigènes ;

mais il faudrait naturellement que le degré d'ignorance eût été au préalable constaté par l'administration municipale. Nous n'avons qu'une seule crainte, c'est que cet appel reste sans écho. On sait trop combien est, en général, peu efficace en France l'initiative privée. En Algérie — et cela est fort heureux, — les colons ont et doivent avoir plus de ressort et d'activité; mais aussi ils n'ont pas trop de toute leur énergie, de toute leur force personnelles pour l'œuvre de colonisation, de défrichement, de lutte incessante qu'ils ont tentée.

N'importe, un homme de cœur, une femme dévouée peuvent faire beaucoup de bien, en nous aidant à leurs rares heures de loisir. Nous ne voulons absolument pas qu'on ait le droit de répéter cette accusation devenue banale et nullement justifiée, que l'Université constitue une sorte de mandarinat, une administration exclusive, absorbante et fermée.

XXI

LES ZAOUIA

Quant à l'enseignement primaire libre donné encore aujourd'hui par des indigènes aux enfants indigènes, il se réduit à bien peu de chose.

« La Zaouïa, dit M. Neveu, dans les Khouan, est un établissement qui n'a aucune analogie dans les États d'Occident. C'est à la fois une *chapelle* qui sert de lieu de sépulture à la famille qui a fondé l'établissement et où tous les serviteurs alliés ou amis de la famille viennent en pèlerinage à des époques fixes; une *mosquée* où se réunissent les musulmans des tribus voisines pour faire leur prière en commun; une *école* où toutes les sciences sont enseignées : lecture, écriture, arithmétique, géographie, histoire, alchimie, magie, philosophie et théologie et où les enfants pendant toute l'année, les étudiants (thaleb) pendant certaines saisons, les savants (uléma) à des époques fixes se réunissent, soit pour apprendre ce qu'ils ignorent, soit pour former des conseils, et discuter certaines questions de droit, d'histoire ou de théologie; *un lieu d'asile* où tous les hommes poursuivis par la loi ou persécutés par un ennemi trouvent un refuge inviolable; *un hôpital*, une hôtellerie où tous les voyageurs, les pèlerins, les malades, les infirmes et les incurables trouvent un gîte, des secours, des vêtements, de la nourriture; *un office de publicité* ou *bureau d'esprit public* où s'échangent les nouvelles, où l'on écrit l'histoire des temps présents; enfin une *bibliothèque* qui s'accroît tous les jours par les travaux des hommes qui y sont attachés et où l'on conserve la tradition écrite des faits passés.

« Généralement les zaouïa possèdent de grands biens, dotations (habous), ou aumônes (zekkat). Un chef, avec le titre de cheik, quand il appartient à la famille qui est propriétaire de la zaouïa, avec le titre de mokaddem (gardien) ou d'oukil (fondé de pouvoirs) quand il est étranger à cette famille. Nombreux serviteurs (khouddam).

« On peut affirmer que l'Algérie est à peu près divisée en circonscriptions de zaouïa, comme chez nous le pays est divisé en circonscriptions religieuses : paroisses, évêchés et archevêchés; et comme la zaouïa est également une école, le ressort de cet établissement correspond aussi à un ressort académique. Sous ce double rapport les zaouïa méritent une surveillance et une attention toutes particulières. »

C'est aussi notre avis. Les zaouïa sont tolérées, nullement réglementées. Nous n'en connaissons pas même le nombre.

Que dire de ces talebs ambulants, demi-sorciers, qui vont par les tribus nomades, apprenant le Coran aux enfants et entretenant, surexcitant, à l'occasion, le fanatisme des hommes?

Dans nos rues des quartiers arabes, si nous suivons à la fin du Ramadan de petits garçonnets indigènes portant sous le bras une planchette avec des caractères arabes peints d'un côté et de l'autre des dessins coloriés, rappelant quelque souvenir de la Mecque, planchette emportée quinze jours auparavant en triomphe, comme une sorte de certificat d'études, nous arriverons au fond de quelque impasse déserte. Un bruit assourdissant de voix monotones et criardes, souvent entrecoupées de cris et de coups de baguette, nous attirera près d'une pièce sombre, froide, où les enfants viennent apprendre et réciter tout le jour, sans explication, sans commentaire, les versets du livre sacré. L'enseignement n'est ni varié, ni intéressant; ce n'est qu'à force de menaces et de coups de matraque qu'on fait le plus souvent entrer dans ces têtes légères les maximes qui sont pour le musulman le commencement et la fin de la science humaine. Aussi que de ruses dépensées, que de mensonges imaginés par les élèves, afin de tromper, soit le maître, soit le père, qui s'entendent pour les incarcérer et les mettre à la torture! Beaucoup d'enfants ne vont pas du tout même dans ces sortes de salles de catéchisme. Les moins jeunes, les plus religieux, forcent leurs enfants à y aller. Ils payent au taleb, deux fois par an, le prix convenu, qui ne dépasse guère deux douros pour l'année (10 francs). Mais quand l'enfant sait une partie nouvelle du livre sacré, le père, quelque misérable qu'il soit, dût-il pour y arriver vendre son burnous, donne au taleb quelques pièces de monnaie, des beignets et des dattes aux enfants de la zaouïa. Si l'enfant sait la moitié du Coran, c'est une fête de famille, plus ou moins coûteuse, suivant la position; s'il sait le Coran tout entier et qu'il soit enfin arrivé au terme de ses études, alors le père achète, égorge des moutons et offre un grand couscous au taleb, à tous ses amis, à tous les hôtes de la zaouïa.

Nous avons pu nous procurer une de ces planchettes ou certificat d'études coraniques et nous en reproduisons le dessin exact, mais réduit. La planchette a trente centimètres de haut sur quinze de large. Elle est épaisse

l'Éducation des Indigènes

(1) Au nom de Dieu clément et miséricordieux.
(2) Que Dieu répande ses grâces sur notre seigneur Mohammed.
(3) Fête de la rupture du jeûne.
(4) Abou Bekr et Omar.
(5) Un secours vient de Dieu et la victoire est proche.
(6) Othman et Ali.
(7) Fête des sacrifices.

Bonnet Joseph.

Paris, Imp. Pivaillery.

d'un doigt, vernie en blanc des deux côtés. Sur une face on voit le dessin. Sur l'autre le taleb a inscrit une explication en arabe, qu'a bien voulu nous traduire M. Auguste Mouliéras, professeur d'arabe au lycée :

Au nom de Dieu clément et miséricordieux,
Que Dieu répande ses grâces sur notre seigneur Mohammed.

Explication des trois dessins qui se trouvent sur le côté opposé. La figure dite Khetma (fin, clôture) est faite pour les raisons suivantes :

Étant donné que le divin Coran est divisé en moitiés, tiers et quarts, comme il est divisé aussi en chapitres; étant donné que l'élève éprouve de la joie quand il passe d'un chapitre à l'autre, semblable en cela au voyageur qui, joyeux d'avoir franchi une parasange ou un relais, poursuit sa route avec plus d'ardeur; les instituteurs, dans le but d'encourager l'enfant à l'étude et dans l'espoir que l'enfant obtiendra peut-être de son père une petite rétribution destinée à venir en aide à son professeur, les instituteurs, dis-je, dessinent une figure représentant un édifice dans lequel se trouvent des angles ornés d'enluminures, des triangles entourés de riches dessins et des dômes d'une grande élévation. Cette figure a reçu le nom de Khetma parce qu'elle signifie que l'élève est arrivé à la fin (Khetma) d'une des divisions du Coran.

J'ai voulu savoir si cette coutume existe ailleurs et j'ai interrogé à ce sujet des personnes de Fez et de Merakch, des Égyptiens et d'autres Orientaux qui m'ont répondu que la coutume en question existait chez eux, mais sous une autre forme.

Quant aux deux cercles on les fait une fois l'an, le 15 du mois de Ramadan, époque des vacances des enfants, vacances qui durent jusqu'au cinquième jour après la rupture du jeûne (Id el Fithr).

Pour ce qui est des deux chameaux, on les dessine le premier du mois de Dou el Hidja, dix jours avant la fête des sacrifices (Id En Meher) et les vacances se prolongent jusqu'au cinquième jour après cette fête. Cela se fait ainsi régulièrement tous les ans.

Salut.

Il n'est pas étonnant que quelques-uns réclament purement et simplement la fermeture de toutes les zaouïa, qu'ils considèrent, non sans raison, comme des foyers de fanatisme; mais cette mesure radicale serait considérée comme une violation de promesses souvent répétées. On ferait bien, pour commencer, de les réglementer, d'exiger une déclaration d'ouverture faite à l'autorité municipale, organiser une surveillance, fixer un délai à partir duquel tous les talebs âgés de moins de trente ans, par exemple, devraient être munis du certificat d'études spécial aux indigènes et enseigner le français à leurs élèves, à moins qu'ils ne fréquentent, une classe par jour, une école publique. On pourrait encore, d'autre part, comme à Constantine, Bougie, Djidjelli, Guelma, attacher à l'école un taleb chargé d'enseigner le Coran en dehors des heures régulières de classe.

XXII

LES MONITEURS INDIGÈNES

La question de savoir s'il y a lieu de continuer à employer des moniteurs indigènes, recrutés difficilement, préparés à grands frais au cours normal, rendant le plus souvent peu de service et pendant peu d'années seulement, a été sérieusement examinée et longuement controversée.

Il est certain que l'indigène ne travaillera guère à la transformation de ses coreligionnaires, en admettant qu'il ait été lui-même suffisamment transformé. Il pourra peut-être instruire; il n'élèvera pas, ne sera jamais l'éducateur que nous voulons. Il n'aura guère été modifié lui-même qu'à l'extérieur, à la surface; au fond il sera resté musulman. Devenu peut-être incrédule, incroyant, il ne sera plus retenu par rien, et alors, avec des apparences trompeuses, peut-être donnera-t-il libre cours aux passions, aux vices de sa race. La sensualité, la matérialité, l'ambition, l'orgueil domineront en lui. Le respect de la vérité, du bien, de la vie d'autrui, le sentiment du devoir, l'esprit de sacrifice, de dévouement seront pour lui inconnus. Pas de maître, plutôt qu'un maître indigène! Ce n'est pas un aveugle-né qui pourrait donner aux Quinze-Vingts une idée de la lumière. Certes, ces raisons ne laissent pas d'avoir beaucoup de force.

Mais cependant la propagation de la langue française, la divulgation de quelques notions indispensables, de quelques idées justes, sont un puissant moyen de civilisation. Il faut bien commencer et se mettre en branle. Et nos adjoints, nos moniteurs indigènes sont les premiers sinon transformés, du moins amendés : leur exemple en entraînera d'autres. Nous ne trouverions pas sans doute un assez grand nombre de maîtres français ayant assez de volonté, de dévouement pour se résoudre à vivre presque isolés et comme perdus au milieu des indigènes. De plus, nous le savons par expérience, les indigènes se méfient de nous. Ils ont tort de craindre, mais ils craignent nos essais de conversion. Ils se laisseront plutôt aller à confier leurs enfants à l'un des leurs. Mais nous reconnaissons, avec nos collaborateurs, qu'il ne faudrait jamais livrer à lui-même, sans guide, sans surveillance, un moniteur, ni même un adjoint indigène, pourvu du brevet, quelque digne de confiance qu'il puisse paraître. Il faut employer les moniteurs comme collaborateurs d'un bon maître français, ou les charger d'une école préparatoire facilement et souvent visitée par le directeur d'une école principale, comme le prévoit le décret, ou tout au moins par un instituteur voisin. Il faut les suivre, les encourager, les pousser au travail. Il faut peut-être, pour les maintenir dans le devoir, les habituer à se respecter eux-mêmes, à ne perdre jamais le sentiment de leur dignité personnelle, leur donner, comme insigne particulier, un burnous d'une couleur déterminée, violet, par exemple, comme les cheiks ont un burnous rouge dont ils s'enveloppent avec majesté, les cavaliers un bleu ciel, et les déiras un noir. Il faudrait enfin attacher au département de Constantine, où le nombre des écoles et des élèves indigènes commence à augmenter sensiblement, un inspecteur spécial, parlant l'arabe et le berbère, jeune, actif et dévoué, capable de communiquer aux autres sa foi inébranlable et de déterminer les plus rebelles.

Les adjoints indigènes brevetés sont assimilés aux adjoints français pour le traitement et l'avancement; mais ils sont rares.

Les moniteurs pourvus du certificat d'études reçoivent un traitement fixe de 4 à 900 francs et une allocation éventuelle de 1 franc par élève et par mois de présence. Ce système est compliqué; la fraude est facile partout où le moniteur n'est pas placé directement sous les ordres d'un instituteur français. Il vaudrait mieux augmenter le traitement fixe en établissant une retenue, en vue d'une pension de retraite, suivant un désir généralement exprimé, et y ajouter une gratification annuelle d'après le nombre, l'assiduité et les progrès des élèves.

XXIII

MESURES DIVERSES

L'article 30 du décret du 13 février 1883 stipule qu'il sera établi pour les indigènes une prime pour la connaissance de la langue française. Cette prime est de 300 francs. Elle est relativement élevée. Tout indigène peut être admis à concourir à la condition d'être âgé de dix-huit à vingt-cinq ans, de bonnes vie et mœurs, d'avoir étudié pendant deux ans au moins dans un ou plusieurs établissements publics ou autorisés. Les épreuves écrites sont une dictée, une page d'écriture et une composition française. Les épreuves orales, qui ont surtout pour but de constater à quel degré le candidat est familier avec notre langue, consistent en un exercice de conversation, une lecture d'un texte français avec explication et des interrogations sur la grammaire. Ces examens ainsi réglés ont eu lieu pour la première fois l'année dernière dans chacun des trois chefs-lieux des départements de l'Algérie. Le sujet de composition française avait une grande actualité : « Lettre écrite à un ami resté en Algérie par un Arabe ayant eu l'honneur de faire partie de la députation qui a suivi le char de l'Algérie aux obsèques de Victor Hugo. » On l'avait certainement choisi parce que, pour le traiter convenablement, il fallait vivre de notre vie, connaître un peu notre littérature, au moins notre plus grand écrivain contemporain, être au courant des grands mouvements qui agitent la France, lire quelques journaux, se rendre compte de ce que peut être une ville comme Paris, enfin être arrivé à ce degré d'assimilation qui mérite d'être constaté par la délivrance d'une prime. Dans le département de Constantine quatre candidats s'étaient fait inscrire, trois ont composé, aucun d'eux n'a été jugé digne d'être admis à subir les épreuves orales. Les autres départements ont été plus heureux : 27 candidats ont composé, sur lesquels 6 ont été admis. La *Revue pédagogique* a même cité quelques extraits de la composition de l'un d'eux, M. Hammed ben Rahal.

Il est évident que cette prime, dont la dépense est imputée sur le budget si surchargé de l'Instruction publique, ne peut être délivrée qu'exceptionnellement et pendant un temps. Nous souhaitons que l'on reconnaisse bientôt qu'elle doit être supprimée dans l'intérêt des finances de l'État.

L'article 31 du décret institue un certificat d'études spécial aux indigènes. Il est naturellement plus facile que le certificat ordinaire ; mais il constitue pour les indigènes une épreuve sérieuse et il y a lieu de la maintenir.

Il porte sur les matières suivantes :

Langue française. — Lecture, écriture, notions usuelles et sommaires de grammaire et d'orthographe constatées par une dictée et une explication orale.

Calcul. — Les quatre règles : règle de trois.

Notions essentielles du système métrique.

Notions très sommaires sur la géographie et l'histoire de la France et de l'Algérie.

Langue arabe ou berbère. — Lecture et écriture.

Pour les jeunes filles, la couture en plus.

Pour les jeunes gens, facultativement la gymnastique et le travail manuel.

Un arrêté du recteur a réglé le mode d'examen et d'appréciation.

Peut-être serait-il bon d'y ajouter quelques notions d'hygiène.

Cette année, dans le département de Constantine, 35 garçons indigènes se sont présentés aux examens et 29 ont obtenu le certificat d'études spécial.

C'est une augmentation de 12 sur l'année dernière. Les filles ne sont pas encore arrivées jusque-là. De plus, 3 indigènes ont obtenu le certificat d'études français.

Il convient de conserver le cours normal indigène de Constantine, établi en vertu de l'article 36 du décret. Il est annexé à l'École normale et la fusion se faisant de plus en plus complète entre Français et indigènes, pour le plus grand bien de ces derniers, il y a lieu de se féliciter de cette création et de la maintenir. On pourrait peut-être, suivant le vœu émis par la conférence de Constantine, en confier la direction à un instituteur déjà ancien dans le pays, connaissant bien l'esprit des indigènes, capable de pénétrer leur caractère, d'agir sur eux d'une façon efficace, ce qui est loin d'être facile. Il serait chargé d'un certain nombre des cours faits actuellement par les divers professeurs de l'école et naturellement placé sous l'autorité du directeur de l'École normale.

L'article 37 stipulait que le ministre de l'instruction publique mettrait au concours un ou plusieurs livres scolaires spécialement destinés à l'instruction élémentaire des indigènes. Nous faisons des vœux pour que cet article soit exécuté ou tout au moins pour que des hommes compétents se mettent à l'œuvre. Nous savons que les éditeurs ne leur feraient pas défaut.

Il nous faudrait :

Une méthode de lecture spéciale avec tableaux, avec gravures, et peut-être avec le mot arabe en regard sur certains tableaux.

Un livre de lecture pour le cours moyen, bien composé, varié, intéressant pour des indigènes n'étant pas sortis de leur village, à leur portée. Il devrait contenir de nombreuses gravures.

Un petit livre d'histoire de France fait exprès pour les indigènes, dans l'esprit que nous dirons plus loin, avec gravures et grands tableaux, représentant les principaux faits, les grands personnages, etc.

Ce n'est pas encore assez. Il faudrait dans chaque école une petite bibliothèque scolaire comprenant un petit nombre de livres, mais des livres bien choisis, pouvant être compris par ceux dont ils devraient piquer la curiosité. Ce catalogue sera peut-être plus difficile à établir qu'on ne le pense.

Pour mener à bien l'œuvre difficile qui nous occupe, il faut de la suite, de l'énergie, mais il faut aussi de la promptitude et de l'unité dans l'action. Aussi nous semblerait-il bon de supprimer la présentation des adjoints et moniteurs indigènes par les préfets dans les communes mixtes, puisque les adjoints et moniteurs sont respectivement placés sous l'autorité et la surveillance des administrateurs dont les plaintes et réclamations justes sont toujours immédiatement suivies d'effet, et donner au recteur la nomination des directeurs d'écoles principales. C'est pour établir l'unité d'action indispensable qu'on a été sans doute amené à supprimer la délégation donnée temporairement à un inspecteur d'académie, qui avait reçu la mission d'organiser, sous les ordres du recteur, le service de l'instruction des indigènes (art. 48).

XXIV

MÉTHODES ET PROGRAMMES

Tous, nous sommes d'accord sur la méthode à employer : pendant longtemps, très longtemps, ce sera celle de nos écoles maternelles. Elle doit être intuitive au début, plus tard socratique. Nos indigènes sont des enfants, de grands enfants. Il faut parler à leurs yeux, frapper leur imagination, pour arriver à leur intelligence, la mettre en éveil, les forcer à réfléchir, à comprendre, à retenir.

Il faut donc, dans chaque école, toute une collection d'objets usuels en bois, analogues à nos jouets, que le maître puisse montrer, expliquer aux commençants, pour leur en faire comprendre les usages et retenir le nom. Je ne suis arrivé à faire comprendre aux petits sauvages d'une école du désert ce que c'est qu'un bateau qu'en en faisant un moi-même en papier, me rappelant un des jeux de mon enfance; tous les yeux, même ceux des tout petits, étaient braqués sur moi. Si j'avais eu le temps de faire apporter une jarre remplie d'eau et de montrer mon bateau surnageant, c'eût été de l'enthousiasme, de l'émerveillement! Mais je me suis arrêté, pressé par le temps ; j'avais piqué la curiosité des élèves, tracé la voie au moniteur.

L'enseignement de la lecture et de l'écriture doit être

simultané. Je n'insiste pas; la méthode est connue.

L'enfant sait déjà quelques mots français. On lui montre les diverses parties du visage, du corps, les choses qui l'entourent, les petits objets de la collection; il les nomme. Il y arrive d'autant plus vite qu'il est plus intelligent, plus en contact avec les Français.

Il faut ensuite toute une collection d'images, fût-ce des images bon marché, comme celles d'Épinal. A défaut, que le maître ait recours au tableau noir et qu'il y dessine de son mieux les objets dont il parle, dont il veut donner l'idée à ses élèves. Qu'il les mène faire des promenades scolaires, qu'il fasse avec eux une collection de tous les objets intéressants, de quelques animaux, plantes utiles ou nuisibles du pays. Que les leçons de choses soient nombreuses, suivies, mais données dans un ordre méthodique. Nous voudrions voir dans toutes les écoles préparatoires la petite collection Deyrolles ou une autre du même genre, dans les écoles principales une grande collection Dorangeon ou même Saffray. Il y a des communes assez riches pour en faire la dépense. Nous voudrions même avoir un appareil à projections lumineuses, enfermé dans une petite caisse, facile à transporter d'une école dans une autre.

La géographie doit s'enseigner d'abord en plein air; c'est là que nos petits sauvages arriveront à s'orienter, qu'ils apprendront les principaux termes. On leur donnera aussi des leçons avec du sable répandu sur une feuille de papier bleu, avec de la terre convenablement disposée dans la cour. On leur apprendra à connaître leur village, le pays qui l'entoure, le cours d'eau qui l'arrose. Suivant une caravane, on les mènera à Constantine, à la mer, en France. On leur en fera connaître le climat, les principales productions, l'industrie. On leur donnera une idée des autres continents, de la forme et du mouvement de la terre et enfin du système planétaire.

L'histoire ne doit être enseignée que par de courts récits : il faut montrer, avant ou après le récit, le tableau représentant le fait ou le héros dont on parle.

Pour l'arithmétique, la méthode est connue : le boulier-compteur ou les bûchettes; à défaut, des lentilles et des haricots, des olives et des dattes, qui ont cet avantage que l'instrument d'étude peut se changer instantanément en récompense. Beaucoup d'exercices oraux. Pour le système métrique un compendium et de nombreux et fréquents exercices de mesurage et de pesée. Les progrès seront extraordinairement rapides.

L'indigène a une mémoire très facile. Beaucoup arrivent à savoir le Coran par cœur. Faisons-leur apprendre presque tout de suite de petits morceaux très courts et même de petits chants simples, mélodieux. Ils les diront avec une facilité étonnante, avec une pureté et une douceur admirables, presque sans aucun accent. (On sait comme Allemands et Anglais prononcent notre langue.)

Tout cela est quelque chose; mais ce n'est rien encore : la principale préoccupation du maître doit être l'éducation de ses élèves. De ces petits sauvages, il faut faire des hommes. Il s'agit de comprimer, d'étouffer, de diriger au moins des instincts pervers et violents, de faire naître et de développer des sentiments élevés, dont le germe doit se trouver dans tous les cœurs, personnalité, responsabilité, devoir et dévouement. Point de cours, il n'est pas besoin de le dire, pas de sermons; jamais une allusion suspecte. Au besoin on peut citer à l'appui d'une recommandation une maxime, un proverbe arabe, et même un verset du Coran. On sait si l'indigène, même vieux, a le goût des contes. Il resterait une nuit entière couché dans un café maure à entendre les récits d'un conteur. Sachons profiter de cette passion commune à tous les enfants. Plusieurs fois par semaine, que le maître raconte une histoire courte, frappante; qu'il en fasse ressortir la morale, discrètement. L'auditoire sera tout oreilles. On boira ses paroles. On attendra avec impatience le jour, l'heure du récit qui alternera avec une lecture bien choisie. Que la classe semblera courte et que la discipline sera facile! La suppression de la lecture, du conte, fera plus d'effet que tous les pensums du monde.

Nous n'avons pas besoin de dire qu'il ne faut jamais de rudesse, de parole blessante avec l'indigène; je n'ose pas parler des injures, des mauvais traitements, des coups que le règlement interdit avec tous les élèves. Les talebs n'ont pas d'autre moyen de discipline que le bâton; les petits indigènes n'auront pas de peine à faire la différence. N'oublions pas surtout que l'indigène se résigne et souffre tout, mais que le moindre passe-droit, la plus petite injustice l'indigne, le blesse profondément et le révolte.

Quant aux programmes, il faut d'abord distinguer les écoles où les indigènes sont mêlés aux Européens, et où ils doivent suivre, selon leur force, les mêmes cours qu'eux, et les écoles uniquement fréquentées par des indigènes. Dans les premières, nous pensons qu'on doit appliquer intégralement, dans la mesure du possible, les programmes annexés à l'arrêté ministériel du 27 juillet 1882. Il conviendrait seulement d'y joindre des cours *facultatifs* d'arabe et de berbère, comme à Bougie et dans quelques autres écoles. L'expérience est faite; avec des maîtres intelligents qui s'adressent à l'intelligence et non à la mémoire des enfants, ces programmes ne sont pas trop chargés, comme quelques-uns se plaisent à le répéter.

Pour les écoles purement indigènes, il faut un programme spécial très simple au début et de plus en plus étendu. Il faut y avoir trois cours : une classe enfantine à deux divisions, un cours élémentaire, un cours moyen. Le cours supérieur n'existera que dans les écoles principales.

Enseignement moral. — Pas de cours. Des récits, des exemples propres à combattre les préjugés, les vices connus, à développer le sentiment de la personnalité, du devoir.

Lecture. — Comme avec les Français. — Toujours expliquer tous les mots. N'avoir que le moins possible recours au mot arabe ou berbère.

Ecriture. — Exercices préliminaires. Cursive; ni ronde, ni bâtarde.

Langue française. — Nombreux exercices de langage variés.

Nombreux exercices oraux, au tableau noir.

Conversations simples et familières.

Récits courts et variés faits par le maître et répétés par les élèves.

Exercices de copie. Textes courts, toujours lus et expliqués.

Petites dictées expliquées, écrites au tableau par le maître, puis effacées, dictées de nouveau le lendemain et écrites par un élève au tableau, par les autres sur l'ardoise ou le cahier.

Petites lettres, petits récits d'abord répétés oralement, puis écrits, mis au net.

Formation des principaux mots, principales règles expliquées au tableau et apprises surtout par l'usage.

Récitation de morceaux courts, bien choisis et bien expliqués.

Analyse grammaticale, plus tard logique, très simple, et toujours oralement.

Histoire. — On a demandé la suppression de l'enseignement de l'histoire comme inutile. Qu'importent aux indigènes Chilpéric, Frédégonde et Brunehaut et les batailles interminables et les plans de campagne? C'est trop clair! Il ne faut pas faire avec eux l'histoire-batailles. Il ne faut pas, avec eux, pas plus d'ailleurs qu'avec nos petits Français de l'enseignement primaire, une nomenclature sèche, interminable, de faits. Il faut, par des récits simples, leur faire connaître les grandes époques de l'histoire, les mœurs, les usages disparus, les misères, les luttes des Français; ils pourront retrouver bien des maux, que nous ne connaissons plus, et qu'ils endurent encore. Quelques-uns ont dit et pensent qu'il ne faut pas leur parler de ce qui peut les enorgueillir ou les humilier : ils demandent, par exemple, la suppression de la bataille de Poitiers, et celle des Croisades et celle de l'histoire de la conquête de l'Afrique par les Turcs, par les Français. Pour nous, notre opinion est absolument différente, l'histoire vraie a des leçons utiles pour tout le monde.

Nous dirions quelques mots de la puissance des Carthaginois en Afrique, de Cirtha, des Numides, de la conquête et de la grandeur romaines, puis de l'invasion, des destructions des Vandales, de la conquête des Arabes, de la splendeur de leur empire, qui a brillé d'un si vif éclat par les lettres, par les sciences, de ses divisions, de sa décadence, de la domination turque, de la conquête de l'Algérie, définitivement française depuis la soumission d'Abd el-Kader, fidèle à son serment. Pourquoi ne pas parler de Charles Martel, de Charlemagne et d'Haroun-Al-Raschild, de Philippe-Auguste, de Richard Cœur-de-Lion et de Saladin, de Louis IX mourant à Tunis? Les croisades, les guerres de religion sont finies ; nous apportons aujourd'hui la tolérance la plus sincère, la liberté de conscience absolue. Nous n'aurons pas de peine à mettre en relief la grandeur croissante de la France depuis la Renaissance, se personnifiant d'abord dans un homme qui la mène à ses destinées, Henri IV, Richelieu, Louis XIV, puis, par suite du mouvement des esprits, des transformations successives, prenant possession d'elle-même par la grande Révolution, proclamant les droits de l'homme et, après s'être, pour un temps, livrée à un Napoléon, reprenant sa marche en avant et fondant enfin pour toujours la République dont le gouvernement a pour mission d'appliquer de plus en plus la devise : Liberté, Égalité, Fraternité! Si on leur raconte ainsi l'histoire, il me semble que les indigènes pourront regretter la chute de l'empire arabe, souhaiter sa résurrection impossible, mais qu'en attendant ils rendront grâce à Allah d'avoir permis que ce fussent les Roumis, les fils des Francs, qui soient venus dans cette riche terre d'Afrique, plutôt que quelque peuple du Nord, reprendre l'œuvre des Romains.

Géographie. — Explication des termes dans des promenades scolaires, sur le terrain. — Les points cardinaux.

La géographie locale.

L'Algérie.

La France ; grands fleuves, grandes montagnes ; climat; principales villes; productions agricoles, industrielles.

Les principales colonies.

Instruction civique. — Notions tout à fait sommaires

sur l'organisation politique et administrative de la France, plus détaillées sur celle de l'Algérie.

Calcul. — Numération ; boulier-compteur ; bûchettes ; calcul mental.

Les trois premières règles. — La division seulement au cours supérieur. — Pas de théorie.

Système métrique. — Les principales mesures apprises par la pratique du compendium.

Dessin. — Tracé des lignes, évaluation, figures les plus simples. Représentation d'objets usuels. — (Les talebs eux-mêmes font dessiner leurs élèves.)

Leçons de choses. — A peu près le programme des écoles maternelles.

Agriculture et horticulture. — Les principaux instruments en usage en France ; leur maniement. — Chaque école principale devrait avoir un champ d'expérience, chaque école préparatoire un jardin.

Emploi des engrais ; le fumier.

Élevage du bétail.

Animaux utiles et nuisibles. — Des collections sont nécessaires.

Arboriculture. — Utilité du reboisement ; principales essences à planter en Algérie ; petite pépinière entretenue par les élèves ; greffes les plus importantes.

Chant. — Enseigné au moins par l'audition.

Hygiène. — Conseils pratiques. — Insister sur la propreté et, pour les filles, sur les soins du ménage.

Gymnastique. — Les mouvements élémentaires. (Il faudra peut-être vaincre la résistance des parents, mais on en viendra à bout, comme on a vaincu celle des paysans les plus réactionnaires et récalcitrants.)

Travaux manuels. — Pour les garçons : montrer les

principaux outils, en expliquer l'usage; cartonnage;
— modelage élémentaire ; les principales figures géométriques, quelques feuilles d'arbres connus ; — travail du bois, si cela est possible, assemblages les plus simples, et travail du fer ; forge.

Pour les filles : couture, coupe simple; ouvroir bien installé ; machine à coudre; lessive et repassage ; tricot; broderie, et enfin, comme récompenses, petits ouvrages d'agrément.

Enfin, pour compléter tout cela, il faudrait fonder dans le département une ou plusieurs fermes-écoles, avec étables, pressoir, celliers, etc., où l'on recevrait, à côté de jeunes Français, un certain nombre d'indigènes, tous pourvus du certificat d'études, et une ou plusieurs écoles manuelles d'apprentissage où l'on apprendrait les principaux métiers pratiqués dans le département.

XXV

CONCLUSION

Nous venons de faire un exposé complet de la situation de l'enseignement des indigènes dans la province de Constantine. Nous avons dit ce qui reste à faire, indiqué quelle est, selon nous, la marche à suivre, fait connaître sur tous les points notre opinion personnelle, réfléchie et motivée.

Nous espérons que beaucoup de ceux qui nous auront lu partageront notre manière de voir sur la plupart des questions.

Nous avons appris avec bonheur que, dès 1887, un crédit supplémentaire de 220 000 francs sera accordé pour l'instruction des indigènes. Nous pouvons donc continuer notre œuvre, multiplier les écoles. Nous saurons y attirer, y retenir les jeunes musulmans, surtout si le principe de l'obligation est inscrit dans des arrêtés pris par M. le Gouverneur général, comme nous l'avons indiqué plus haut. Nous avons la foi qui encourage, qui soutient, et nous réussirons. Lisez plutôt le passage suivant du mémoire d'un des meilleurs instituteurs du département, M. Godain, directeur de l'école de Sétif, capitaine dans l'armée territoriale :

« A la nouvelle de la défaite de Lang-Son, que l'on avait exagérée comme à plaisir, nous crûmes devoir en parler aux élèves de nos premières classes, en y apportant toute la chaleur patriotique dont nous sommes capable. Les élèves français ne manifestèrent aucune émotion, tandis que le seul indigène qu'il y eût au cours moyen ne put retenir ses larmes. La défaite ou du moins la retraite des Français lui était plus sensible qu'aux Français eux-mêmes. Quand nous racontons un des beaux traits de notre histoire nationale, c'est toujours lui qui s'enthousiasme le premier et le plus, et qui alors, malgré les règles de notre discipline, s'écrie spontanément : « Vive la France ! »

TABLE DES MATIÈRES

Préface..	v
I. — Depuis cinquante ans.................................	1
II. — Après la conquête....................................	8
III. — Écoles de filles......................................	21
IV. — Écoles d'adultes.....................................	24
V. — La Médersa..	26
VI. — Collège arabe-français.............................	32
VII. — Les Israélites indigènes...........................	38
VIII. — Aujourd'hui...	43
IX. — École normale d'instituteurs......................	46
X. — Cours normal indigène..............................	51
XI. — École normale d'institutrices.....................	54
XII. — Les indigènes dans les écoles publiques.......	56
XIII. — Biskra..	65
XIV. — Vieux-Biskra, El-Kantara, Sidi-Okba..........	76
XV. — Tuggurt...	80
XVI. — Témacin..	91
XVII. — Les zéphyrs instituteurs.........................	96
XVIII. — Le décret du 13 février 1883...................	102
XIX. — De l'obligation scolaire...........................	117
XX. — De l'enseignement libre...........................	124
XXI. — Les Zaouïa...	126
XXII. — Les moniteurs indigènes.........................	131
XXIII. — Mesures diverses.................................	134
XXIV. — Méthodes et programmes.......................	136
XXV. — Conclusion..	147

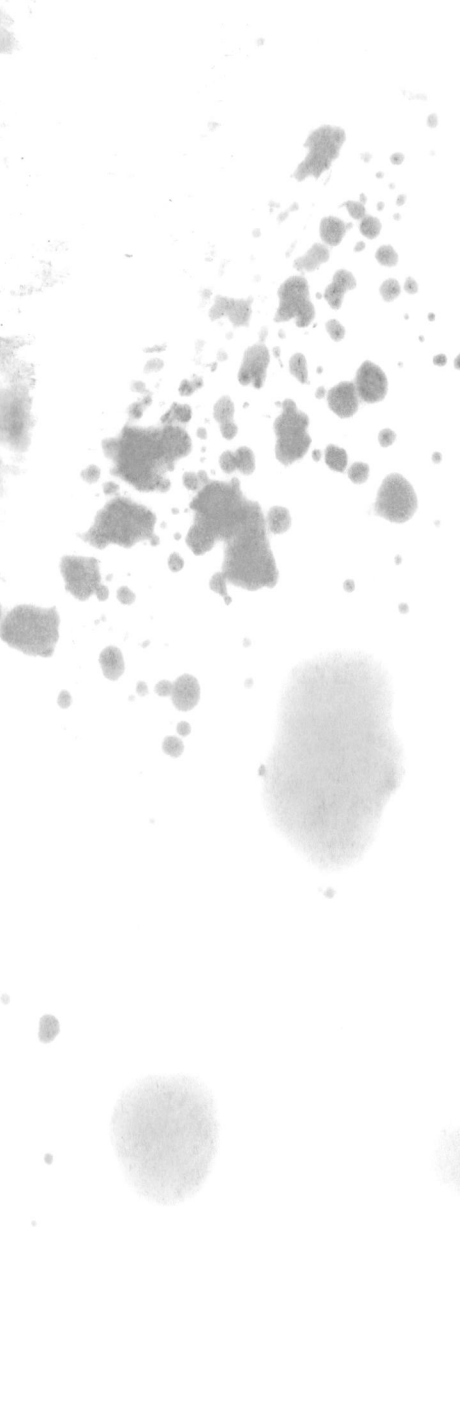

www.ingramcontent.com/pod-product-compliance
Lightning Source LLC
Chambersburg PA
CBHW052053090426
42739CB00010B/2152